教育部人文社会科学研究青年基金项目（21YJC630103）
福建江夏学院科研创新团队支持计划（23ktps02）

集装箱航运网络的
连通性分析及其应用

JIZHUANGXIANG HANGYUN WANGLUO DE
LIANTONGXING FENXI JIQI YINGYONG

潘静静·著

中国财经出版传媒集团
经济科学出版社
Economic Science Press
·北京·

图书在版编目（CIP）数据

集装箱航运网络的连通性分析及其应用／潘静静著.

北京：经济科学出版社，2025.5. -- ISBN 978 - 7 -5218 - 6878 - 4

Ⅰ. U169

中国国家版本馆 CIP 数据核字第 2025SS2264 号

责任编辑：张　燕
责任校对：王肖楠
责任印制：张佳裕

集装箱航运网络的连通性分析及其应用

JIZHUANGXIANG HANGYUN WANGLUO DE LIANTONGXING
FENXI JIQI YINGYONG

潘静静　著

经济科学出版社出版、发行　新华书店经销

社址：北京市海淀区阜成路甲 28 号　邮编：100142

总编部电话：010 - 88191217　发行部电话：010 - 88191522

网址：www. esp. com. cn

电子邮箱：esp@ esp. com. cn

天猫网店：经济科学出版社旗舰店

网址：http://jjkxcbs. tmall. com

北京季蜂印刷有限公司印装

710 × 1000　16 开　11.75 印张　200000 字

2025 年 5 月第 1 版　2025 年 5 月第 1 次印刷

ISBN 978 - 7 -5218 - 6878 - 4　定价：86.00 元

（图书出现印装问题，本社负责调换。电话：010 - 88191545）

（版权所有　侵权必究　打击盗版　举报热线：010 - 88191661

QQ：2242791300　营销中心电话：010 - 88191537

电子邮箱：dbts@ esp. com. cn）

前　　言

　　集装箱航运网络由港口和航线构成，是现实世界中集装箱货物流通的载体，其形成受到港口业和航运业相关利益主体的决策影响，如港口管理者、航运企业及政府部门等，具有多目标、复杂性等特点，蕴含着港航业的发展规律。

　　连通性反映维持网络中节点相连的能力，是刻画网络结构特征的基本指标，网络的大部分其他拓扑指标都与连通性相关，集装箱航运网络的连通性对货物航运的成本和时效性有重要影响。2013 年 9 月和 10 月，中国国家主席习近平先后提出建设"丝绸之路经济带"和"21 世纪海上丝绸之路"（以下简称"一带一路"）的重大倡议。2015 年 3 月 28 日，国家发展改革委、外交部、商务部联合制定并发布《推动共建丝绸之路经济带和 21 世纪海上丝绸之路的愿景与行动》，对如何推进实施"一带一路"倡议进行了总体规划。共建"一带一路"倡议旨在构建一个涉及 64% 的世界人口和 30% 的全球国内生产总值（gross domestic product，GDP）的国际合作框架，推动共建国家经济的共同繁荣，主要建设内容是深化国家之间的经济合作和促进运输互联互通。航运连通是促进运输互联互通的重要内容，在"一带一路"建设的时代背景下，对集装箱航运网络连通性展开研究具有重要的现实意义。然而，在航运领域中，连通性并未有统一的内涵界定和研究范式，结合连通性这种网络结构基本特征考虑的航运网络优化方法的研究也较为缺乏。鉴于此，本书选取集装箱航运网络连通性作为研究对象，研究集装箱航运网络连通性的评价方法及其应用于港口地位评价、航运网络优化的方法，从而为"一带一路"建设中政府部门规划和整合港口资源、港口企业定位与投资、航运企业优化航线等决策提供理论依据，从而保障国际贸易货物的顺畅流通，更好地促进各国之间的经济和贸易往来。

航线数据收集是构建真实的集装箱航运网络及开展集装箱航运网络连通性研究的基础工作。航线数据来源通常有两类：一是静态的采集于班轮公司的航线数据；二是动态的船舶自动识别系统（automatic identification system，AIS）数据。在研究初期，由于经费有限，本书第 3～第 7 章使用的航线数据是根据 7 家运力排名靠前的班轮公司官网上发布的船期数据整理得到，构建的航运网络中包含 651 个港口。本书第 8 章和第 9 章使用的航线数据则来源于法国航运咨询公司 Alphaliner 数据库，从中收集到全球 1766 条班轮航线，涉及 1082 个港口。港口所在区域、国别、经纬度和吞吐量等港口基本信息数据，收集自 HIS Markit 公司的 Sea-web Ports 在线数据库。

本书围绕集装箱航运网络的连通性展开研究，主要运用系统工程、网络科学、复杂网络、社团检测和运筹学等理论，提出一系列航运网络连通性评价及优化方法，并通过真实的集装箱航线数据进行实证分析。本书的第 1 章阐述集装箱航运网络连通性研究的背景、目的和意义，对研究内容、框架、方法以及创新点进行介绍。第 2 章梳理集装箱航运网络的理论基础，对相关国内外文献进行综述。第 3 章详细介绍了集装箱航运网络的构建方法，并对集装箱航运网络的基本拓扑特性进行分析。第 4 章选取复杂网络拓扑特征指标，运用主成分分析构建港口连通性综合评价模型，对全球集装箱港口的连通性展开评价，并重点应用于福建省港口。第 5 章从社团检测的视角出发，提出一种基于特征值分解的社团检测算法，对全球集装箱航运网络进行社团划分，据此对全球集装箱航运网络的连通性进行分析。第 6 章提出一种基于递归谱平分的瓶颈识别算法，应用于识别出 21 世纪海上丝绸之路航运网络的瓶颈。第 7 章针对现有航运网络优化研究仅集中在如何最优化航运利益主体的内部资源的问题，提出考虑网络连通性最大化和航线开通成本最小化的航运网络优化模型，并设计了基于费德勒向量差值最大化的快速求解算法，应用于实际航运网络中验证优化模型及求解算法的可行性和有效性。第 8 章探讨了近年来我国港口行业一体化改革背景下，港口资源以省域为空间载体进行整合，港口发展模式逐步由传统的"一市一港"演变为"一省一港"，驱动省域组合港的形成，如何从连通性的视角分析省域组合港在沿海省域乃至国际港口体系中的地位。第 9 章聚焦于 21 世纪海上丝绸之路核心区（简称"海丝核心区"）福建省的港口，在"一带一路"建设推动下，海丝核心区港口建设取得明显进展，但仍存在着建设成效与海丝核心区战略定位不匹配的问题，为明确海丝核心区港口的连通性现状，从航运网络整体连通程度和港口节点在连通 21 世纪海上丝绸之路沿线航运网络中起到的重要性程度两个维度，明确了海丝核心区港口在沿海省域港口体系中的地位，有助于管理部门整合港口资源和港口企业制定发展战略，对推进海丝核心区港口建设及深化海丝核心区建设具有现实意义。第 10 章为总结与展望。

　　本书研究成果既可为 21 世纪海上丝绸之路建设背景下航运连通性优化、沿海省域组合港的定位分工和错位发展提供理论指导，又能为航运业相关利益主体的基础设施投资、航线培育、互补合作等决策提供一定参考。由于笔者水平有限，本书若有不妥之处，敬请指正。

著者

2024 年 12 月

目　　录

第 1 章

绪　　论

1.1　研究背景

运输业是国民经济持续发展的重要保障。自从人类社会中有了生产和产品交换，便有了服务于产品流通的运输业。按照运输方式的不同，运输业分为铁路运输业、公路运输业、航运业、航空运输业和管道运输业。从物流的角度来看，航运业是运输业最为重要的组成部分。地球上海洋面积为 36110 万平方千米，占地球表面积的 2/3 以上，分为太平洋、大西洋、印度洋、北冰洋，四大洋将地球上的陆地分隔为七大洲，使洲际物流主要依赖于空运或航运。而航运由于其运量大、运距长、成本低和环境友好的特点，成为洲际物流最不可或缺的运输方式[1]。按照运输区域范围，航运可以细分为内河运输、沿海运输和远洋运输。内河运输是指江、河港口之间的水上运输，服务于内陆腹地地区，运量较小，运距较短，频次较高；沿海运输是指同一国家沿海港口之间的海上运输，包括内贸和外贸运输，服务于远洋运输货物集散；远洋运输是指船舶在跨洋港口之间运输，一般为国与国之间的海上运输，也称为国际航运。海上运输是国际贸易的主要运输方式，联合国贸易和发展组织（United Nations Trade and Development Organization，UNCTAD）公布数据显示，超过80%数量和超过70%价值的国际贸易货物通过海上运输完成[2]。受益于科技进步和经济全球化发展，各国间商品贸易量不断增长，航运物流量也随之增加，航运业将进一步完善并继续在国际贸易中发挥重要的作用。

　　航运服务包括不定期运输、工业运输和班轮运输三种类型[3]。不定期运输船舶没有固定航线，提供港口与港口之间的直达货运服务，货满即运类似于出租车。工业运输是指货主根据自身需求自行运营船舶的运输类型，有助于实现运输规模经济效益。班轮运输提供规律和可靠的航运服务，具有固定航线、固定港口、固定船期和相对固定的费率等特点。按照货物种类的不同，航运又可以分为干散货运输（如铁矿石、煤炭、粮食等）、液体散货运输（如石油、天然气等）和集装箱运输三种方式[4]。集装箱运输是指将货物置于集装箱之内进行运输的运输方式[5]。20世纪50年代后期，集装箱运输首次在海上运输中出现，由于其标准化、装卸效率较高、便于实现多式联运、货损减少的显著优势，极大地改善了航运服务，迅速在全球范围内得到广泛应用。2017年全球集装箱吞吐量约为7.52亿标准箱（twenty-foot equivalent units，TEU），同比增长6%[2]。相比之下，我国港口完成集装箱吞吐量2.38亿TEUs，同比增长8.3%，居全球首位。据统计，全球贸易超过70%数量和超过60%价值的货物以集装箱方式通过班轮运输完成[6]。集装箱班轮运输问题受到产业界和学术界越来越多的关注。

　　集装箱班轮运输挂靠港口之间由航线相连，形成了集装箱航运网络。航运网络的连通是保障国际贸易货物流通的基础，其连通性对航运成本和时效性有显著的影响。航运网络的连通性越强，货物在港口之间流通的成本越低[7]。例如，国际运输成本约占全球进口货物价值的15%，而在内陆发达国家和小岛屿发展中国家，该比例则分别上升至19%和22%[8]。通常，较低的国际运输成本，将使国际贸易货物流通更为顺畅，对促进国际贸易增长有积极作用。当今世界正处于复杂多变的环境中，面临着全球经济发展放缓、国际政治纷争不断、国际投资贸易格局调整等问题[9]。为了应对复杂的国际政治经济形势，2013 年 9 月和 10 月，中国国家主席习近平先后提出共建"丝绸之路经济带"和"21 世纪海上丝绸之路"（以下简称"一带一路"）的重大倡议。2015 年 3 月 28 日，国家发展改革委、外交部、商务部联合制定并发布《推动共建丝绸之路经济带和 21 世纪海上丝绸之路的愿景与行动》，对如何推进实施"一带一路"重大倡议进行总体规划，明确了"一带一路"倡议的框架思路、合作重点和合作机制。"一带一路"倡议旨在构建一个涉及 64% 的世界人口和 30% 的全球国内生产总值（GDP）的国际合作框架，推动共建国家经济的共同繁荣，主要建设内容是深化国家之间的经济合作和促进运输互联互通[10]。航运连通是促进运输互联互通的重要内容，在"一带一路"建设的时代背景下，对集装箱航运网络连通性展开研究具有重要的现实意义。鉴于此，本书对集装箱航运网络连通性评价及优化展开研究，旨在为"一带一路"及"21 世纪海上丝绸之路核心区"建设中政府部门规划和整合港口资源、港口企业定位与投资、航运企业优化航线布局等决策提供理论依据，从而保障国际贸易货物的顺畅流通，更好地促进各国之间的经济和贸易往来。

1.2 研究目的和研究意义

1.2.1 研究目的

集装箱航运网络是现实世界中集装箱货物流通的载体，其形成受到港口管理者、航运企业及政府部门等港航业相关利益主体决策的影响，拓扑结构具有复杂性。而维持网络中节点相连的能力的连通性，是刻画网络结构复杂性的基本指标，网络的大部分其他拓扑指标都与连通性相关。鉴于此，本书研究选取集装箱航运网络连通性作为研究对象。

通过回顾现有研究发现，相较于其他运输领域，连通性在航运领域还是一个比较新的概念，关于航运网络连通性至今并未有统一的内涵界定和研究范式。因此，本书研究的主要目的是从网络拓扑结构角度出发，借助科学、合理的分析，提出一系列航运网络连通性评价方法，进而应用于航运连通性提升的需求场景中，不仅完善和丰富网络评价理论，而且为港口、航运领域的经营与管理提供参考。本书研究针对如下具体问题进行深入探讨。

（1）集装箱航运网络是由各个国家建设的港口和航运企业开辟的航线构成的，该网络承载全球贸易的货物流通，折射出的是贸易发展趋势，蕴含着航运业发展规律，因此，需要通过采集现实数据抽象出真实的航运网络，并分析该网络的拓扑结构特征，通过分析港口与航线的分布特性揭示全球航运格局现状。

（2）由于航运企业经营战略是随着贸易需求不断调整的，而港口发展主要受航运企业的选址决策影响，例如航运联盟深化形成轴—辐式航线结构，所以逐渐形成了港口等级体系，导致港口连通性能的极端分化，并且港口之间竞争激烈。因此，为了明确港口在特定区域乃至全球范围的地位，制定竞争和发展战略，需要通过建模量化港口的连通性。

（3）从航运网络的拓扑结构来看，整个网络的连通性越强，意味着港口之间货物运输越流畅，然而，航运网络连通性评价方面的研究还不多见，且影响航运网络连通的因素众多，因而，有必要对航运网络连通性评价的新角度和新方法进行研究，并剖析航运网络连通性对港航管理实践的启示。

（4）"一带一路"倡议的提出，旨在深化国家之间的经济合作和全面提升国家之间的互联互通水平。其中，21 世纪海上丝绸之路（以下简称海上丝路）的重要目标就是增强中国和海上丝路沿线国家之间航运网络连通性。然而，海上丝路航运网络的连通程度如何，是否存在阻碍连通性提升的航运瓶颈，缺乏系统的量化研究。另外，由于涉及跨国研究，全面的数据难以获得且时间有限，故有必要研究一种化繁为简、能准确有效找出影响航运网络连通的关键瓶颈的方法。

（5）结构合理、科学的航运网络，有助于保障国际贸易货物的顺畅流通，促进各国间的经济交流。然而，集装箱航运网络是在航运业相关利益主体引导下形成的，例如政府、航运企业和港口等主体，具有多目标、复杂的特征，有必要研究多主体下如何协同目标，优化航运网络的方法。由于连通性是维持网络中节点相连的能力，是刻画网络结构特征的基本指标，所以有必要将优化航运网络的连通性作为优化航运网络结构的一种新思路，研究考虑网络拓扑结构特征的网络优化方法，从而为航运业相关利益主体的网络优化顶层设计与具体实施之间构建桥梁。

（6）近年来，在交通运输部主导下，我国港口行业展开了省域一体化改革，省级港口企业或省级港口管理机构相继成立，我国"一省一港"的港口发展格局基本确立。尽管已有不少学者探索了单个港口的连通性分析方法，但从省域视角分析港口连通性仍有待深入研究。

1.2.2　研究意义

航运业是运输业最为重要的组成部分，航运连通是国际贸易顺畅的基础保障，航运连通性的优化更是实施"21 世纪海上丝绸之路"建设的最佳切入点。本书研究从构建航运网络、评价航运网络连通性、优化航运网络三个方面展开，具有重要的理论意义和现实意义。

1.2.2.1　理论意义

首先，本书研究将完善现有航运网络连通性评价和航运网络优化方面的理论。本书研究系统地回顾了现有网络连通性的评价方法，提出了复杂网络和主成分分析相结合的港口连通性评价方法，补充了港口评价理论；提出从港口社团检测的视角，对航运网络连通性进行评价、对航运网络中的连通瓶颈进行识别，丰富了航运网络性能评价研究；提出了基于特征值分解、基于迭代谱评分的社团检测算法，此类方法所需数据少，对网络连通性的量化简单快速、准确有效，适用于其他类型大规模网络，是对社团检测理论的完善；在连通性评价的基础上，从考虑全球航运连通性的视角出发，对航运网络优化问题进行建模并设计求解算法，是对航运网络优化理论的补充。

其次，本书研究将为"21 世纪海上丝绸之路"倡议研究和航运物流运营管理研究之间建立桥梁。通过评价航运网络的连通性，找出影响"21世纪海上丝绸之路"航运网络连通性的瓶颈，为政府部门规划和整合港口资源、港口管理者建设与发展港口、航运企业开辟新航线等决策作参考，本质上是发掘一种政府、港口和航运企业对接和落实"21 世纪海上丝绸之路"倡议的有效和可行路径，属于管理学中为战略层研究和运营层研究之间建立可行通道的决策方面的理论研究范畴。

1.2.2.2　现实意义

在全球经济发展放缓、港口省域一体化改革的时代背景下，港口发展面临着新的机遇和挑战，评价航运网络中港口的连通性，描述港口在全球航运网络中的地位，有助于政府部门规划和整合港口资源、港口企业制定发展和投资决策；通过港口连通性评价，在全球航运网络中找出连通性强的港口，可以为航运公司的枢纽港选址决策提供直接依据。

航运网络是区域之间货物流通的基础保障，在"一带一路"建设背景下，对航运网络的连通性进行诊断，识别制约航运连通性提升的瓶颈，并且基于连通性对航运网络进行优化，不仅可以为主导"21 世纪海上丝绸之路"建设的政府部门明确政策倾斜、优先建设的区域，还可以为其他航运相关利益主体，如港口管理企业和航运企业展开港口、航线等投资提供现实依据，从而增强中国和"21 世纪海上丝绸之路"沿线国家之间的航运连通性，更好地对接沿线国家和地区广阔的市场，进而促进贸易增长，为经济增长注入新动力。

1.3　研究内容和研究框架

1.3.1　研究内容

本书内容具体安排如下。

第 1 章：绪论。介绍本书研究的选题背景、研究意义、研究目标、研究内容、研究方法和技术路线。

第 2 章：理论基础与文献综述。阐述集装箱班轮航运网络的背景知识，介绍复杂网络、网络连通性、主成分分析和社团检测等理论，并对航运网络连通性及航运网络优化相关文献进行梳理，为本书研究提供基础理论支持。

第 3 章：集装箱航运网络构建与基本分析。收集运力排名靠前的班轮公司船期数据，从中抽取港口和航线信息，收集港口坐标、集装箱吞吐量等基础数据，通过清洗和整理，生成航运网络数据集，构建集装箱航运网络，对集装箱航运网络的基本拓扑特性进行分析。

第 4 章：复杂网络视角下港口连通性分析。借助复杂网络理论选取港口连通性指标，运用主成分分析构建港口连通性综合评价模型，对港口的连通性展开评价，并重点应用于"21 世纪海上丝绸之路"核心区。

第 5 章：基于特征值分解的航运网络连通性分析。从社团检测的视角出发，提出一种基于特征值的港口聚类算法，对全球航运网络的连通性进行分析。

第 6 章：海上丝路航运网络瓶颈识别。提出一种基于递归谱平分的瓶颈识别算法，对影响航运网络连通性的航运瓶颈进行识别，并提出增强中国和海上丝路沿线国家之间航运网络连通性的具体策略。

第 7 章：考虑连通性的集装箱航运网络优化。将航运网络优化看作双目标规划问题，即同时考虑连通性最大化和航线开通成本最小化两个目标，构建航运网络优化模型，设计优化模型的求解算法，通过仿真分析，验证模型的可行性和有效性，基于实验结果提出全球航运网络优化方案。

第 8 章：沿海省域组合港空间分布特征及航运可达性。探讨了近年来我国港口行业省域一体化改革背景下，如何从连通性的视角分析港口在沿海省域乃至国际港口体系中的地位。

第 9 章：省域一体化背景下海丝核心区港口连通性。从航运网络整体连通程度和港口节点在连通海丝沿线航运网络中起到的重要性程度两个维度，明确了福建海丝核心区港口的连通性现状。

第 10 章：总结与展望。对本书研究的主要成果进行总结，并对后续研究进行展望。

1.3.2 研究框架

为完成计划的研究内容，本书研究从构建集装箱航运网络入手，按照评价集装箱航运网络的连通性、优化集装箱航运网络连通性的思路，制定研究框架（见图 1-1）。

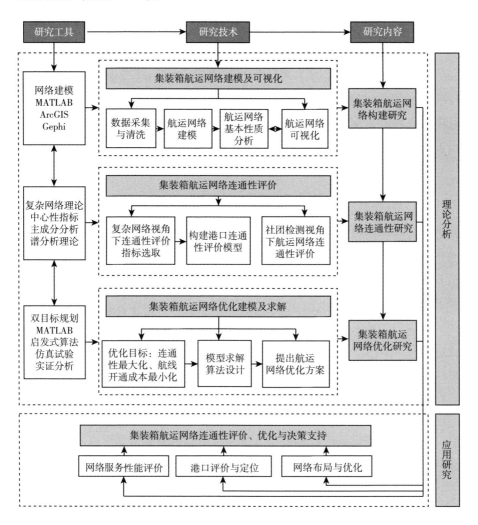

图 1-1 研究框架

1.4 研究方法和创新点

1.4.1 研究方法

本书研究涉及网络建模、综合评价和网络优化等方面工作，在完成研究的过程中，主要运用的研究方法如下。

（1）文献研究法。针对航运网络连通性分析，使用 Scopus 数据库和 CNKI 数据库广泛查阅相关文献，主要收集复杂网络、社团检测、航运网络特性（特别是连通性）、航运网络优化等方面的期刊论文、学位论文和会议论文，并对文献进行分类和系统回顾，总结已有理论和应用研究，为本书研究提供理论基础、支持和指导。

（2）网络建模与仿真法。利用 MATLAB 和 EXCEL 软件对收集到的数据进行清洗和整理，生成航运网络数据集；基于图论对航运网络进行建模，并借助 ArcGIS、GEPHI 软件进行可视化，借助 MATLAB 进行网络特性、网络优化的相关计算和仿真。

（3）复杂网络分析法。基于复杂网络理论，选取连接稀疏性、小世界特性、无标度特性和鲁棒性等指标揭示航运网络的特征，选取度中心性、介数中心性、特征向量中心性、核数、聚类系数、平均路径长度等指标解析港口在整个航运网络中的地位，还通过主成分分析方法构建连通性综合评价模型，对航运网络视角下港口连通性展开分析。

（4）社团检测法。根据同一个社团之内节点紧密连接、社团之间连接较为稀疏的原理，提出从社团检测的视角分析航运网络的连通性，利用矩阵的特征值提取原理，将港口之间的连通关系和连通强度信息映射到向量空间，进一步通过向量聚类分析，得到港口社团划分及航运瓶颈识别结果。

（5）数学规划法。数学规划是网络优化的关键技术，本书研究提出基于连通性考虑的航运网络优化方法，将航运网络优化问题建模为数学规划模型并设计启发式算法求解模型，借助 MATLAB 软件实现仿真，提出航运网络优化策略。

1.4.2　创新点

1.4.2.1　理论创新

本书研究提出了复杂网络理论和主成分分析相结合的港口连通性评价方法，是对港口评价理论的创新，同时，对港口定位的科学量化也为创新港口发展战略奠定了基础。研究提出从社团检测的视角评价航运网络的连通性、识别航运瓶颈，具体为将港口之间的连通关系和连通强度信息映射到向量空间，从而通过向量进行聚类分析。此类方法所需数据少，对网络连通性的量化简单快速、准确有效，是对网络性能评价理论的创新。研究进一步将网络性能评价理论进行应用，导入"21 世纪海上丝绸之路"倡议实施中的具体问题，属于对管理学中为战略层研究和运营层研究之间建立可行通道的决策理论进行了创新。在连通性评价的基础上，从考虑全球航运网络结构特征的视角出发，提出新的航运网络优化方法，尝试对物流优化理论进行创新。

1.4.2.2　应用创新

在全球经济发展放缓、国际安全形势错综复杂以及共建"一带一路"的时代背景下，港口发展面临新的机遇和挑战，政府部门、航运企业和港口管理者制定港口发展战略的前提是港口定位，本书研究将港口连通性评价结果应用于港口定位，具有一定的创新性。"21 世纪海上丝绸之路"倡议的重要目标就是增强中国和海上丝路沿线国家之间航运连通性，而涉及跨国研究导致分析所需数据有限，本书研究尝试提出简单有效的量化航运网络连通性、识别航运网络中的航运瓶颈的方法，将航运网络连通性分析应用于"21世纪海上丝绸之路"的建设之中，具有一定的创新性。航运网络是在航运业相关利益主体引导下形成的，参与航运网络建设的主体有政府部门、航运企业和港口管理者等，因此，航运网络的优化具有多目标、复杂性的特征。本书研究尝试将刻画网络结构特征的基本指标连通性作为不同航运利益主体共同的航运网络优化目标，这种考虑网络拓扑结构特征的网络优化方法，是在航运业相关利益主体的顶层设计与具体实施之间搭建桥梁的新思路。近年来，我国港口一体化改革聚焦于以省域为空间载体的港口资源整合，港口发展模式逐步由传统的"一市一港"演变为"一省一港"，驱动了省域组合港的形成，从连通性的视角明确港口在沿海省域乃至国际港口体系中的地位，为组合港的有效分工与错位发展分析提供了新的视角。

第 2 章

理论基础与文献综述

2.1 理论基础

2.1.1 集装箱航运网络

班轮公司是提供集装箱运输服务的主体，通过在运营航线上投放船舶运送全球区域间往来的货物。航线包含船舶挂靠港口的序列，受到货物需求量、需求频率、运输成本、航线覆盖率等因素的影响，常见的航线类型有直达运输式、多港直靠式和轴—辐式三种，如表 2 - 1 所示[11,12]。

构建集装箱航运网络的方法，是将班轮公司航线挂靠的港口作为节点，然后在航线经过

表 2 – 1   常见航线类型

航线类型	图例	业务模式	特点
直达运输式		船舶在两个港口之间直达运输	运输速度较快，运营成本较高
多港直靠式		一个航次中，船舶挂靠多个港口，货物在中途不换装	航线较长，时效性低于直达运输式，对船舶配载要求高
轴–辐式		一个航次中，在枢纽港（干线港）之间配置较大型船舶，在枢纽港（干线港）与支线港之间配置较小型船舶，通常货物在中途需要换装	便于实现枢纽港（干线港）之间规模经济效应，运输时间较长，增加货物换装成本

资料来源：笔者根据参考文献［11］整理得到。

的港口之间建立边。其中，边的建立原则有两种：第一种称为 L 空间，只在航线经过的相邻的港口之间建立边；第二种称为 P 空间，在任意两个有航线经过的港口之间建立边[13]。设有航线1，配置一艘容量为 2000TEUs 的船舶，该航线依次挂靠 A、B、C、D 四个港口，最终回到 A 港，如图 2 – 1（a）所示。按照 L 空间和 P 空间原则构建的航运网络，分别如图 2 – 1（b）和 2 – 1（c）所示。可以看出，L 空间考虑了港口之间的距离和空间约束，P 空间则更直观反映了港口之间是否可达的情况。

　　航线具有方向，可以将航线抽象为含有向边的有向网络［见图 2 – 1（d）］。但实际中，航运货物是双向传输的，因而也可以将航运网络简单看成无向网络。例如图 2 – 1（e），将船舶容量作为边的权重，航线可以抽象为无向加权网络。

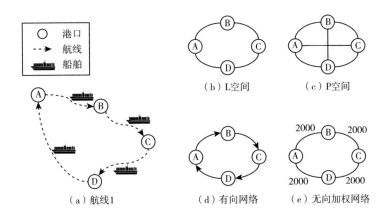

图 2 - 1 航运网络构建示例

资料来源：笔者根据参考文献 ［13］ 整理得到。

2.1.2 复杂网络

2.1.2.1 复杂网络理论的提出

复杂网络是用来描述和研究自然界与社会中存在的复杂现象的重要工具，属于网络科学研究的分支。通常将自然界与社会中的个体抽象为节点，个体之间的关系抽象为边，从而将对现实复杂系统的研究转化为对复杂网络的研究。复杂网络的理论基础是图论，对图结构中节点及边的拓扑特征进行计算，是分析复杂网络特性的基本思路。

1998 年，瓦特（Watts）和斯特罗加茨（Strogatz）在顶级期刊《自然》上发表小世界网络研究成果，指出大量实际网络既具有较短的平均距离又具有较大的聚类特性[14]。随后，巴拉巴斯（Barabasi）和阿尔伯特（Albert）使用相同的数据进行网络建模，发现许多实际网络的度分布与正态分布和泊松分布有很大不同，而是服从幂律分布，网络是非均匀的，呈现出无标度特性，并在期刊《科学》上发表该研究成果[15]。上述两个标志性工作揭示了不同网络之间的共同特性，迅速成为网络科学研究的核心文献，标志着复杂网络理论的兴起。复杂网络的典型特征是节点数量多，节点之间连接复杂。我国著名科学家钱学森认为，复杂网络是具有自组织、自相似、吸引子、小世界、无标度中部分或全部性质的网络。复杂网络理论开启了人们对不同领域的实际网络的拓扑特征进行实证性研究，已广泛应用于经济、金融和社会学等领域[16~18]。

2.1.2.2　复杂网络的建模

一般将复杂网络表示为图 $G = (V, E, W)$，V 是节点集合，E 是边集合，W 是边的权重集合。节点之间的连接关系使用邻接矩阵 $A \in R_+^{n \times n}$ 表示，该矩阵元素 a_{uv} 的值为：

$$a_{uv} = \begin{cases} w_{uv} & e = (u,v) \in E, \\ 0 & 否则 \end{cases} \qquad (2-1)$$

其中，$w_{uv} \in W$，表示连接节点 u 和节点 v 之间的边的权重，即节点之间的连接强度。当图为无向图时，A 是对称矩阵，否则不对称。

2.1.2.3　复杂网络的基本性质

复杂网络的性质是通过一系列的网络拓扑结构特征来描述的，以下对几个常用的特征指标进行简述。

节点的度（degree）。节点的度是指在网络中与该节点相连的其他节点的个数，有向图的度分为出度和入度[19]。在现实网络中，节点度值越大，意味着其对于其他节点越重要，往往在整个网络中处于影响力较大的地位。网络中所有节点度值的平均值就是网络的平均度。

节点的度分布（degree distribution）。节点的度分布用分布函数 $P(k)$ 表示，定义为随机选取一个节点其度值恰好为 k 的概率，用来描述网络中节点分布特征，是区分网络类型的重要性质[19]。节点的度分布计算为网络中度值为 k 的节点个数占网络节点总个数的比值，计算公式为 $P(k) = \sum_{k=k'}^{\infty} p(k')$。

平均路径长度（average path length）。连通两个节点的最短路径的边的数量称为节点之间的路径长度，反映出节点连通的效率[19]。节点的路径长度最大值为网络的直径，而网络中所有节点的路径长度的平均值为网络的平均路径长度。

聚类系数（clustering coefficient）。与节点相连的实际边数和可能与该节点相连的边数之比为节点的聚类系数，描述了节点在周围节点中所处的重要程度[19]。网络中所有节点的平均聚类系数为网络的聚类系数，反映了网络的聚类能力，是网络社团化的重要指标。

介数（betweenness）。介数分为节点介数和边介数。节点介数是指网络中所有节点之间最短路径经过该节点的概率，边介数是指网络中所有节点之间最短路径经过该边的概率[19]。介数反映了节点或边在整个网络中起到的连通作用的程度。和度值的性质类似，节点或边的介数值越大，意味着该节点或边对其他节点或边越重要，往往在整个网络中处于影响力较大的地位。

社团结构（community structure）。网络中部分节点之间连接较为紧密，这些节点的特性相同或较为接近，而这部分节点与网络的其他部分节点连接较为稀疏，该性质称为网络的社团化，对分析现实网络的功能具有重要意义[19]。

小世界性（small-world）[19]。小世界性是指网络具有较短的平均路径长度和较大的聚类系数，是复杂网络普遍具备的特征，反映了复杂网络对网络信息处理的优化能力。

无标度性（scale-free）[19]。无标度性是指网络中的节点度分布服从幂律分布，是大多数复杂网络具有的典型特征，反映了复杂网络择优连接的高效能力。

鲁棒性（robustness）[20]。鲁棒性是反映网络中的节点（或边）在发生随机故障或遭受蓄意攻击下，网络维持其某些稳定或性能的能力。

2.1.3 网络连通性

连通性一词源于图论。假设图表示为 $G = (V, E)$，由顶点集合 V 和边集合 E 构成，如果图 G 中的两个顶点 u 和 v 之间至少存在一条路径，则称 u 和 v 是连通的。如果图 G 中任意两个顶点 u 和 v 是连通的，则称图 G 是连通图[21]。一个不连通的图由多个连通片组成，每个连通片可以看作图 G 的一个子图，属于不同子图之间的任意两个顶点之间不存在路径，即一个连通图有且仅有一个连通片。图 2 - 2 描述了四个不同的连通图 G_1、G_2、G_3 和 G_4。

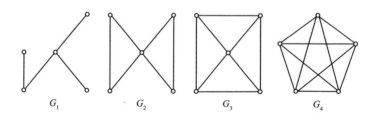

图 2 - 2　连通图示例

资料来源：笔者根据参考文献［21］整理得到。

图 2 - 2 中，删除图 G_1 中的任意一条边将使其成为不连通图，而图 G_2 在删除任意一条边之后仍然为连通图，但通过删除一个顶点可以使该图不连通。图 G_3 中，删除一条边或一个顶点都不能使其不连通，图 G_4 由于所有顶点之间都存在连接使其连通程度最强。将一组使连通图成为不连通图所需删除的顶点称为点割集，将一组使连通图成为不连通图所需删除的边

称为边割集[19]。可见，图的连通程度或连通性强度，可以简单地通过最小点割集（包含顶点数最少）和最小边割集（包含边数最少）进行衡量，这两个指标分别称为点连通度和边连通度[22]。

由上述图的连通度定义可知，图的连通度反映了图中顶点之间连接的紧密程度，适用于诊断图中顶点或边的重要性、影响顶点相连的关键瓶颈等问题。如果图中的顶点和边有容量限制，根据最大流最小割定理，两个顶点之间最小割的容量等于两个顶点之间的最大流的流量[23]。可见，图的连通度也适用于分析真实世界中的网络连通性评价问题。

根据蒙尔（Menger）定理，对于图 G 中任意两个不相邻的顶点 u 和 v，如果至少移除 k 个顶点可以使顶点 u 和 v 分别属于不同的连通片，那么 k 等于连接顶点 u 和 v 的独立路径的最大数目，k 值为点连通度，该图称为 k 连通图[24]。其中，独立路径是指两条路径除了顶点 u 和 v 以外没有其他共同顶点。显然，当 k 连通图的顶点数为 "$k+1$" 时，该图为完全图。类似地，使顶点 u 和 v 分别属于不同的连通片所需去除的最少边数，即边连通度，等于连接这两个顶点的不相交路径的最大数目。其中，不相交是指两条路径不包含相同的边，但允许有共同顶点。上述定理为计算图的连通度提供了依据。

2.1.4 主成分分析

在实证问题研究中，为了全面系统地分析问题，往往考虑多个影响因素，这些影响因素被称为指标[25]。每个指标都在不同程度上反映了所研究问题的某些信息，而且通常指标之间存在一定相关性，因而所得到的信息在一定程度上有重叠。主成分分析通过正交化去除指标之间的相关性，把多个指标变为少数不相关的综合指标，既保留了数据的大部分信息，又剔除了数据包含的冗余信息，从而实现降维的目的[26]。主成分分析技术的主要计算步骤如下。

2.1.4.1　对样本数据进行标准化

设有 n 个 p 维的样本数据通过矩阵 X 表示为：

$$X = [X_1, X_2, \cdots, X_p] = \begin{bmatrix} x_{11} & x_{12} & \cdots & x_{1p} \\ x_{11} & x_{21} & \cdots & x_{2p} \\ \vdots & \vdots & & \vdots \\ x_{n1} & x_{n2} & \cdots & x_{np} \end{bmatrix} = (x_{ij})_{n \times p} \qquad (2-2)$$

对样本矩阵 X 进行标准化处理，消除量纲影响，得到标准化的样本值 x_{ij}，计算公式为：

$$x_{ij} = \frac{x_{ij} - x_j}{s_j}, \forall i = 1, 2, \cdots, n, \quad j = 1, 2, \cdots, p \qquad (2-3)$$

其中，x_j 是样本的均值；s_j 是样本的方差。

2.1.4.2　计算样本协方差矩阵及其特征值

任意两个随机变量 X 与 Y 的协方差为 $\mathrm{cov}(X, Y) = E\{[X - E(X)][Y - E(Y)]\}$，因此，样本的协方差矩阵为：

$$C = \begin{bmatrix} \mathrm{cov}(X_1, X_2) & \mathrm{cov}(X_1, X_2) & \cdots & \mathrm{cov}(X_1, X_p) \\ \mathrm{cov}(X_2, X_1) & \mathrm{cov}(X_2, X_2) & \cdots & \mathrm{cov}(X_2, X_p) \\ \vdots & \vdots & & \vdots \\ \mathrm{cov}(X_p, X_1) & \mathrm{cov}(X_p, X_2) & \cdots & \mathrm{cov}(X_p, X_p) \end{bmatrix} \qquad (2-4)$$

计算样本协方差矩阵 C 的特征值 λ_j，$\forall j = 1, 2, \cdots, p$，按降序排列得到 $\lambda_1 \geq \lambda_2 \geq \cdots \geq \lambda_p$，其对应的特征向量为 $e_1, e_2, \cdots, e_p$，可以得到对样本矩阵正交化处理后的各个主成分：

$$F_j = Xe_j, \forall j = 1, 2, \cdots, p \qquad (2-5)$$

2.1.4.3 选取主成分的个数

将每个主成分对应的特征值作为贡献率，可以得到前 q 个主成分的累计贡献率：

$$\rho = \sum_q \lambda_j \Big/ \sum_p \lambda_j \qquad (2-6)$$

在实际运用中，一般遵循 $\rho \in [80\%, 90\%]$ 的原则，进行提取前 q 个主成分以展开数据分析[27]。

2.1.5 社团检测

通常将现实复杂系统表达为由节点和边构成的网络形式进行研究。真实系统的网络在不断演化过程中，具有相同或相似功能的节点聚集在一起，不同功能的节点连接相对松散，因而在网络的内部形成子网络，使网络具有社团结构。所谓社团结构，即整个网络由若干个社团组成，相同社团内部节点的相互连接比较稠密，而不同社团之间节点的相互连接比较稀疏[28]，如图 2-3 所示。

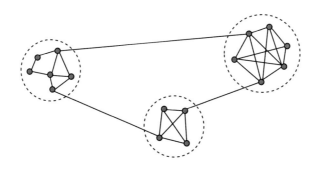

图 2-3 具有社团结构的网络

资料来源：参考文献 [28]。

在图 2-3 的网络中，社团结构清晰可见。三个社团内部节点连接紧密，而社团之间的三条边，是影响整个网络连通性的关键。社团检测旨在从连通的网络中找到若干隐藏的社团，本质上是利用网络拓扑结构中所蕴含的信息，从复杂的网络中解析出社团结构。

社团检测对分析网络中的结构与功能有着非同寻常的现实意义。图2-4是由扎卡里（Zachary）等观察得到的空手道俱乐部网络，被广泛应用于比较和评价社团检测算法。该网络由34名空手道俱乐部成员构成，包含159条表示成员之间关系的边。由于空手道俱乐部的管理者与教练意见产生分歧，该空手道俱乐部的成员分裂成两个派系，这两个派系在图2-4中分别由圆形节点和方形节点表示。显然，能否正确识别出空手道俱乐部网络中包含的两个社团，对量化分析和准确理解空手道俱乐部成员的派系化具有重要意义。甚至通过研究空手道俱乐部网络的社团结构，预测出空手道俱乐部成员将分裂成两个派系，进而提前干预潜在分裂行为，可以为更加合理地组织与管理空手道俱乐部提供客观依据。

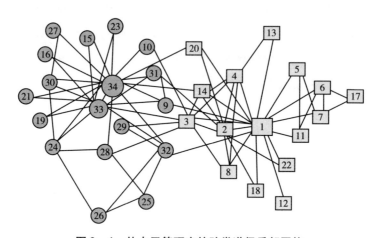

图2-4 扎卡里等研究的跆拳道俱乐部网络

资料来源：Zachary W W. An information flow model for conflict and fission in small groups [J]. Journal of Anthroplogical Research, 1977, 33: 452 - 473.

社团结构的深入研究，有助于以一种分而治之的方式研究整个网络的模块、功能及演化，进而深入地理解网络的拓扑结构、组织原则与动力学特性。因而，近年来在社会学和计算机科学领域，涌现了大量关注网络的社团划分的研究，尤其是纽曼（Newman）团队在该领域作了显著贡献[29,30]。不同的社团检测算法对社团划分效率和精度有显著影响，以下介绍一些经典的社团检测算法。

2.1.5.1　计算机科学领域的社团检测算法

早在 1970 年，科尼汉（Kernighan）和林（Lin）就提出了一种启发式算法，广泛应用于图分割问题。科尼汉－林算法预先设定两个指定规模的社团，将社团之内的边的总数与社团之间的边的总数的差值作为增益函数 Q，通过逐次交换不同社团中的节点计算增益函数变化值 ΔQ，直到所有节点都被交换一次为止，取得 ΔQ 最大值的两个社团对应图的最优化分[31]。该算法最大的局限性是依赖于先验知识，即需要预先设定社团的大小和数量，因此不适用于真实网络的分析；此外，算法对初始解十分敏感，容易陷入局部最优解。

除了科尼汉－林算法之外，谱聚类是另一种主流的图分割算法。谱聚类算法将图表达为相似性邻接矩阵，利用该矩阵或其派生矩阵的特征向量对网络进行划分[32]。1973 年，多纳特（Donath）和霍夫曼（Hoffmann）首次提出，可以通过图的邻接矩阵的特征向量来对图进行分割[33]。同年，费德勒（Fiedler）发现，通过图的拉普拉斯矩阵的第二小特征值，可以找到具有最小权重值的边集合，从而将该特征值作为图分割的依据，这种方法也称为谱平分法[34]。随后，大量学者关注了谱平分法，并对该方法进行改进和应用[35~37]。基于谱平分的聚类算法的最大不足之处是每次只能返回两个社团，因而许多学者提出执行迭代谱平分，直到社团检测结果满足事先设定的算法终止条件[38]。另一类谱聚类算法则无须迭代，通过事先指定社团数量 k，将拉普拉斯矩阵最小的 k 个特征值对应的 k 维特征向量上实施聚类，得到社团划分结果[39]。谱聚类算法具备严密的数学基础，并且在大规模网络尤其是稀疏网络的社团检测中体现出适应性强和计算复杂度低的优势，应用十分广泛。

2.1.5.2 社会学领域的社团检测算法

层次聚类算法是社会学领域主流的社团检测算法，该算法基于节点之间连接的相似性对节点进行聚类，根据自底向上（向网络中添加边）或自顶向下（从网络中移除边）分为凝聚算法和分裂算法[40]。以应用较为广泛的凝聚算法为例，社团检测的过程如下：首先，将每个节点作为一个社团，计算每两个社团之间的欧氏距离或皮尔逊相关系数作为相似度；其次，寻找最相似的两个社团，将这两个社团归为一个新的社团，并计算新社团与其他社团之间的相似度；最后，重复上述步骤直到所有节点都归为一个社团。不同于科尼汉－林算法和谱聚类算法，层次聚类算法无须先验知识，但其主要缺点是，强连通节点对和弱连通节点会因为较大的相似性被划入各自类别，从而导致网络划分的精确度存在一定不足。

2002 年，吉尔文（Girvan）和纽曼提出使用介数作为相似度，对传统的层次聚类算法进行改进[41]。该算法也称为吉尔文－纽曼算法，首先计算网络中所有边的介数，即网络中任意两个节点经过这条边的最短路径数目，接着移除网络中介数最高的边，然后重新计算现有网络中所有边的介数，重复上述步骤直到网络中不存在边。吉尔文－纽曼算法在本质上是一种分裂算法，算法的不足之处在于，每一次移除边后都需要重新计算网络余下所有边的介数，计算复杂度高达 $O(m^2 n)$。一般认为，吉尔文－纽曼算法较为适合处理中小规模的网络（包含几百个节点的网络）。该算法首次发现真实网络中普遍存在社团结构，启发了其他研究者对这个问题的关注，在国际上掀起了社团检测的研究热潮，广泛应用于生物、物理、计算机等各个学科领域的具体问题中。

在社团检测的应用中，层次聚类法和吉尔文－纽曼算法简单有效，但最大的局限性在于，由于执行基于反复识别和删除连接的策略，因此无法确定何时终止算法可以获得最优社团划分。为了解决这个问题，纽曼在2003 年提出模块度的概念，用以衡量社团划分的质量[42,43]。对于一个给定的实际网络，假设网络中包含 k 个社团，记 e 为 $k \times k$ 维矩阵，其元素 e_{ij} 表示连接社团 i 和社团 j 的边数占整个网络边数的比例，令 $a_i = \sum_j e_{ij}$ 表示一端和社团 i 中节点连接的边数的比例，模块度 Q 计算为：

$$Q = \sum_i (e_{ii} - a_i^2) = Tre - \|e^2\| \qquad (2-7)$$

模块度本质上是社团内连接数目与随机连接下社团内的期望连接数目之差。也就是说，将划分社团后的实际网络与其对应的节点度值相同但节点间连接服从均分布的随机网络进行比较。因此，模块度的另一种等价表示方式为：

$$Q = \sum_i \left[\frac{l_i}{M} - \left(\frac{d_i}{2M} \right)^2 \right] \qquad (2-8)$$

其中，M 表示整个网络的边数，l_i 表示社团 i 内部包含的边数，d_i 表示社团 i 内部节点的度值之和。对于给定的网络，不同的社团划分对应的模块度 Q 值不同，当模块度取得最大值 Q_{max} 时，认为该社团划分是网络的最优划分。在实际网络中，Q_{max} 通常取值在 0.3 ~ 0.7，极少数网络可以算出更高的 Q 值。

为了提高吉尔文－纽曼算法的计算效率，纽曼（2004）提出，采用凝聚思想的快速算法，将每个节点看作一个社团，每次迭代选择产生最大 Q 值的两个社团合并，直到所有节点合并为一个社团[44]。随后，克洛斯（Clauset）等在纽曼快速算法的基础上，提出了克罗斯－纽曼算法，该算法采用堆数据结构计算和更新网络的模块度，即构造模块度增量矩阵，通过迭代更新增量矩阵中的元素求解模块度最大值，从而获得最优社团划分[45]。2005 年，吉美拉（Guimera）和阿玛拉尔（Amaral）采用与克罗斯－纽曼算法和纽曼快速算法相同的优化目标函数，提出基于模拟退火算法的吉美拉－阿玛拉尔算法，并应用于新陈代谢网络分析[46]。吉美拉－阿玛拉尔算法和科尼汉－林算法类似，通过交换社团之间的节点寻找最优社团划分，每一个社团划分对应的模块度 Q 值通过 Metropolis 准则决定是否接受：

$$p = \begin{cases} 1 & \text{when } C_{t+1} \leqslant C_t \\ e^{-\frac{C_{t+1}-C_t}{T}} & \text{when } C_{t+1} > C_t \end{cases} \qquad (2-9)$$

其中，$C_t = -Q_t$，p 表示接受"$t+1$"时刻社团划分的概率，T 表示"$t+1$"时刻系统的温度。由于该算法采用模拟退火控制策略，因此具有跳过局部最优解找到全局最优解的能力，但也正因如此，吉美拉－阿玛拉尔算法受到模拟退火算法效率制约，收敛较慢，对输入参数比较敏感，不同参数设置往往导致不同社团划分结果。

以上介绍了几种经典社团检测算法的原理及特点，下面通过表 2－2 对经典算法进行对比。

表 2－2　　　　　　　　经典的社团检测算法比较

作者	算法名称	社团划分依据	计算复杂度	是否需要先验知识
科尼汉，林	科尼汉－林算法	增益函数	$O(n^3)$	是
博特恩（Pothen），西蒙（Simon），刘（Liou）	谱平分	图的拉普拉斯矩阵特征值	$O(n^3)$	是
斯科特（Scott）	层次聚类法	节点间欧氏距离或皮尔逊相关系数	$O(n^2 \log n)$	否
吉尔文，纽曼	吉尔文－纽曼算法	边的介数	$O(m^2 n)$	否
纽曼	纽曼快速算法	模块度	$O[m(m+n)]$	否
克罗斯，纽曼，摩尔	克罗斯－纽曼算法	模块度	$O(n \log_n^2)$	否

2.2 文献综述

2.2.1 国内外文献梳理方法

为了掌握连通性在航运领域的研究现状，系统回顾现有航运网络连通性评价和优化方法，以下对该领域的国内外文献进行梳理。文献的跟踪时间截至 2018 年 10 月，分别使用 Scopus 数据库和 CNKI 数据库检索国外文献和国内文献。Scopus 数据库创建于 2004 年，由世界上最大的学术期刊出版商荷兰 Elsevier 出版公司与全球 21 家研究机构设计而成。该数据库是目前全世界最大的摘要和引文数据库，可以检索到来自全球 5000 多家科学出版公司的科学期刊、图书和会议论文集，文献最早可追溯至 1788 年[47]。CNKI 则是中国最完整的文献查阅数据库，全称为中国知识基础设施工程，始建于 1999 年，由清华大学、清华同方发起，涵盖信息内容包括期刊、报纸、博硕士论文、会议论文、图书、专利等[48]。

2.2.1.1 国外文献的筛选

第一步，使用研究主题关键词进行初步搜索。按照研究主题，将"maritime connectivity"、"connectivity in shipping network"或"connectivity in transportation network"作为关键词进行搜索，得到 1571 篇文献。

第二步，使用学科分类和关键词进行文献筛选。关于文献筛选的原则，一是在 Scopus 数据库中"按学科分类"中保留"Social Sciences""Engineering""Computer Science""Environmental Science""Mathematics""Business，Management and Accounting""Earth and Planetary Sciences""Decision Sciences""Physics and Astronomy""Economics，Econometrics and Finance"

等 10 个学科，在"关键词"中剔除与连通性以及交通运输无关的关键词；二是只保留期刊论文，剔除书籍和会议论文类型文献，因为通过期刊论文可以有效跟踪最新研究动向，相较之下会议论文质量参差不齐，而质量较高的会议论文往往会扩展为期刊全文进行发表。经过筛选后得到 434 篇文献，从图 2 - 5 中可以看出，截至 2018 年，连通性在交通运输领域的应用呈现上升趋势，特别是 2008 ～ 2018 年，相关论文发表的篇数迅速增加。

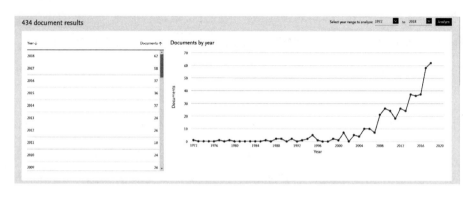

图 2 - 5   交通运输领域的连通性分析研究趋势

资料来源：笔者根据 Scopus 数据库检索结果整理得到。

第三步，根据标题和摘要进一步筛选。通过标题和摘要确认是否与研究主题相关，进一步剔除与主题无关的文献，最后得到航运领域连通性直接相关的文献。

2.2.1.2　国内文献的筛选

使用关键词"海运网络"和"航运网络"在 CNKI 上初步搜索，发现已有不少国内学者对海运/航运网络的拓扑结构进行研究，重点选取引文量高的文献及其参考文献作为后续综述的依据；使用关键词"运输网络连通性"进行检索得到 173 篇文献，通过排除"无线传感器"等关键词明显无关的文献进一步缩小检索范围，得到 78 篇文献。

2.2.2 航运网络连通性分析

关于航运网络的研究中，航运网络的拓扑结构复杂性分析占据主流，少数研究则侧重于航运网络的性能和服务水平评价，其中就包括连通性评价。

2.2.2.1 航运网络的复杂性

航运网络中港口节点数目巨大，节点和节点之间的航线受到经济发展程度、港口自身系统、港口的腹地经济和腹地之间贸易往来等因素影响，使网络结构具有复杂性，因此，利用复杂网络理论分析航运网络的复杂性，是真实的航运网络研究的主流方向[49,50]。有许多学者通过构建真实的航运网络，分析航运网络的小世界特性、无标度特性、聚集系数、平均最短路径、度—度相关性和介数等拓扑结构特征[51~54]。

除了上述航运网络拓扑结构特征研究，航运网络的演化问题也得到了关注。复杂网络演化模型中最著名和应用最多的两个模型是瓦特和斯特罗加茨提出的小世界网络模型（WS 模型）、巴拉巴斯和阿尔伯特提出的无标度网络模型（BA 模型）[14,15]。王杰和李雪[11]、彭燕妮[55]、赵宇哲等[56]基于 BA 网络模型分析海运网络演化，李帆[57]、方亮等[58]基于 BBV加权网络模型模拟海运网络的演化情况。除了基于复杂网络理论视角的航运网络演化研究以外，还有一些从其他角度进行分析的网络演化研究。杜克鲁特（Ducruet）及其合作者基于连续年份的船期数据构建全球班轮航运网络，对航运网络结构调整的内容和动因做了大量研究[50,59,60]。徐（Xu）等考虑交通发达程度、地位中心性、主导性及脆弱性，评价了全球航运网中的 17 个世界区域的地位，并通过分析 2001~2012 年世界区域地位的改变，研究了全球航运网络区域差异化演变问题[61]。李振福等从多个方面分析了世界海运网络的演变过程，进而对世界海运网络的演变趋势进行了分析和预测[62]。

上述研究，旨在通过航运网络复杂性分析，揭示港口与航线分布的特性，从而应用于准确和全面地理解世界航运格局的现状及其演变。

2.2.2.2　航运网络的连通性

除了对航运网络复杂性进行分析，另一些航运网络的研究侧重于评价航运网络的性能和服务水平，如从航运网络的稳定性、鲁棒性、易毁性、可靠性、结构层次性等角度对航运网络的性能进行了评价[60,63~67]。

连通性属于网络性能评价的一种，航运领域中连通性还是一个比较新的概念，关于航运网络连通性至今并未有统一的内涵界定和研究范式。从狭义上来说，航运网络连通性指航运基础设施和服务的可获得性与能力[68]；从广义上来说，航运网络连通性维度较大，不仅包括航运基础设施网络的连通，还包括信息网络的连通，以及运输组织机构、管理制度和流程的连通。

在已有文献中，狭义范畴的航运网络连通性研究较多，而研究的主要视角是评价航运网络中港口的连通性。关于港口连通性的研究，学者们早期主要关注港口的可达性。卡利南（Cullinane）和王（2009）认为，集装箱港口的可达性意味着集装箱货物通过网络在港口之间流通的潜在性[69]。李振福等将可达性理解为世界海运网络中，从某一港口到达另一港口的难易程度。然而，可达性仅仅意味着港口连通的潜在性，由于货物流通还受到班轮服务能力、港口转运能力等现实条件制约，可达性不等同于连通性[70]。因此，近年来更多学者转向研究港口连通性。这些研究对港口连通性进行评价，在指标的选取上可以分为两种方法。第一种方法是将港口业务统计信息作为连通性评价指标。例如，霍夫曼[107]创建的班轮运输连通性指数（Liner Shipping Connectivity Index，LSCI），该指数每年发布于联合国贸易和发展会议；唐（Tang）等将起讫港口的数量作为港口连通性评价的依据[71]；兰（Lam）等使用运输能力、贸易线路、地理位置和班轮航线评价港口之间的连通性[72]。另一种连通性评价指标选取方法，是将港口置于全球航运网络中所体现出的拓扑特征作为连通性评价指标。例如，武佩剑认为，连通性是航运网络最初始、最根本的可靠性评价指标，能够直观反映航运网络的拓扑完善程度，尤其是网络局部被破坏导致中断时，网络在物理结构上的承受能力，因而可以使用网络中任意两个节点之间至少存在一条路径连通的概率衡量连通性[73]。托瓦尔（Tovar）等设计了航运网络特征及港口节点特征的两组指标对港口之间的连通性进行综合评价[74]；江（Jiang）等从运输时间和能力角度建立港口转运能力评价模型用以衡量港口连通性[75]；王（Wang）等从全球航运网络、支线网络、与腹地连接情况三个视角分别选取港口连通性指标，并使用 TOPSIS 方法构建综合评价指标，对渤海湾内的青岛港、大连港和天津港进行了连通性评价[76]；杜克鲁特和王基于 1890～2008 年的全球船舶交通流数据构建航运网络，将度中心性作为衡量港口连通性的指标[77]。通过上述研究发现，第二种方法，即在航运网络视角下选取港口连通性评价指标是主流和趋势。

2.2.3　航运网络优化

全球航运网络的形成，受到航运业相关利益主体的决策影响，因此，不同利益主体对航运网络的优化，在优化目标、优化对象或优化实施范围上，既有共性又有明显的差异性。

航运业相关利益主体主要包括世界各国的政府、航运企业和港口管理者，以下对不同利益主体引导下的航运网络优化研究进行概括。

2.2.3.1　政府主导的航运网络优化

中国是提倡政府主导运输基础设施先行的佼佼者。纵观历史，最早可以追溯到秦朝，中国就开辟了古代海上丝绸之路，与海外诸国进行经济和文化交流。古代海上丝绸之路通过东海和南海航线，到达东北亚、东南亚、南亚、西亚、东非沿海及欧洲等地区[78]。优化国家之间的航运连通性是十分有必要的，其好处至少体现在三个方面：一是保障区域之间货物和服务流通；二是降低航运成本、提高货物和服务往来的质量；三是有助于促进区域之间的经济交流[79]。在国际投资贸易格局深刻调整，世界经济复苏缓慢，各国发展问题凸显的现实背景下，中国提出建设"21世纪海上丝绸之路"，以海上互联互通为重点，优先发展港口等海上交通设施的建设，全面提升"21世纪海上丝绸之路"的海上通道功能[80]。

联合国亚洲及太平洋经济社会委员会（U. N. Economic and Social Commission for Asia and the Pacific，ESCAP）长期致力于促进亚太地区互联互通和经济一体化[81]。其中，打造公路、铁路、航空、水路、管道互联互通的泛亚交通运输网络，实现亚太地区的无缝连通是重要内容。在推行的《亚太地区可持续交通互联互通区域行动计划第一阶段（2017~2021年）》中，明确指出要升级泛亚交通运输网络，建设国际多式联运走廊，改善亚欧互联互通，通过无缝联通实现亚太地区经济可持续发展。

欧洲大陆内河航运体系完善，主要内河均可通航，河流之间修有运河，连接了数百个城市和工业区。欧盟委员会交通运输局官方网站①显示，内河航道里程约4.1万千米，内河航运在欧盟国家货物运输中起到举足轻重的作用。以莱茵河及其支流为例，该水上通道途经欧盟经济最发达的地区，如荷兰、德国、比利时、卢森堡、法国和瑞士等，年货运量在欧洲内河运输中居于首位[82]。欧盟发达的内河航运业与欧盟委员会及欧盟成员国的重视密不可分。为促进欧盟国家之间运输的互联互通，欧盟制定了泛欧交通网络发展引导，并投入专项资金用于内河航道建设和内河航运综合

---

① 网址为：https：//transport. ec. europa. eu/transport-modes/inland-waterways_en。

服务信息系统。2001 年，欧盟委员会出台了交通发展"白皮书"，内容包括大力发展航运、减少道路货运量。2003 年，欧盟委员会又出台了马可波罗计划，通过资助将陆运转为铁路运输和水上运输的企业间接促进了航运业发展。

综上所述，政府主导的航运网络优化，旨在立足于宏观规划，重点是出台配套扶持政策，投资航运基础设施建设，消除航运瓶颈，使整个区域的航运网络趋于完善，进而促进该区域的经济和社会可持续发展。

2.2.3.2 航运企业主导的航运网络优化

班轮公司是航运企业的典型代表，一般将班轮公司的运输决策分为战略层、战术层和运作层三个层次[83]。班轮公司的战略决策包括船队等运输资源规划；战术决策即航运网络设计与优化，解决航线设计与航线配船问题；运作层决策则是对货物运输进行调度。也就是说，航运网络优化属于班轮公司的战术决策问题。

现有班轮公司主导航运网络优化的研究中，多数文献从经济效益的角度对班轮公司的航运网络进行优化。例如，部分文献[84~90]针对船公司的航运网络利润最大化或者成本最小化问题，构建数学规划模型并设计算法求解；还有部分文献[91~98]从运输路径、服务能力、不确定环境、竞争环境及多目标等角度，对班轮公司的航运网络进行优化。综述文献[99]等对班轮航运网络优化问题进行了回顾。

与政府主导的航运网络优化相比，航运企业主导的航运网络的优化立足于微观层面，更加强调公司内部航运网络资源的最优配置，主要使用混合整数规划模型、模型求解算法设计等技术，通过航线设计、航线配船等方式解决航运网络优化的问题，实现特定的经济效益或社会效益目标，这方面的研究已经较为成熟。

2.2.3.3 港口管理者主导的航运网络优化

相比之下，由于港口无论是被政府规划还是被航运公司选址，都是处于相对被动的角色，所以由港口管理者主导的航运网络优化方面的研究还未展开，现有研究还停留在单纯地将港口置于全球航运网络中并对其服务水平进行评价方面，缺乏将港口评价结果应用于航运网络优化的研究。

以港口连通性评价为例，托瓦尔等通过度、介数、港口可达性等指标对加那利群岛的两个主要港口进行连通性评价，提出应重点发展拥有区域核心地位的拉斯帕尔马斯港口，提倡其他港口实施差异化发展策略，建议政府通过鼓励港口之间大力合作，从而提升加那利群岛港口群的整体竞争力[100]；王等不仅考虑港口在全球班轮航运网络中的连通性地位，还考虑港口在支线网络中的连通性地位以及港口与腹地连通的水平，构建了一个港口连通性综合评价指标，并对渤海湾内的青岛港、大连港和天津港进行连通性分析，研究发现同一个海湾内的三个港口在不同指标上各有优势和劣势，建议地方政府应致力于平衡和有效分配港口稀缺资源，从而提升港口优势和降低港口弱势，以此保障港口长期可持续发展[76]；嘉（Jia）等基于7年的船舶自动识别系统（AIS）数据，观测挪威港口的到访船舶数量、到访船舶规模、到访货物种类，对挪威港口的连通性进行评价，并建议港口管理者对连通性增长较快的港口优先投资、对地理位置相近的港口进行统一规划避免重复投资等[101]。

综上所述，现有港口管理者对港口进行连通性评价，主要目的是识别港口在整个航运网络中的连通性，并为港口提升货物吸引力、增强港口在区域和国家中的竞争力等发展策略提供参考。然而，将港口连通性评价结果应用于整个航运网络的优化方面还有待研究。

第3章

集装箱航运网络构建与基本分析

3.1　船期数据收集和处理

　　航线数据收集是构建真实的集装箱航运网络及开展集装箱航运网络连通性研究的基础工作。国外主流的航线数据收集方法是购买劳氏日报（Lloyd's List）、德鲁里（Drewry）、巴黎航运咨询机构（Alphaliner）或克拉克森研究（Clarkson）等大型航运咨询公司的相关航运数据。航运咨询公司提供的数据具有较为全面、跟踪时间较长的优点，而缺点是对经费要求较高。

　　航线数据的类型一般有两种：一是静态的采集于班轮公司的航线数据；二是动态的船舶自动识别系统数据。限于经费，本书研究采用从班轮公司发布的船期中整理出航线的方法收集数据。通常，班轮公司会事先在官网上公布船舶的船期，由于班轮运输服务较为规律，具有船期固定的特点，因而易于收集和整理。

法国航运咨询公司 Alphaliner 公布的数据显示，2015 年集装箱运力排名全球前 20 位的班轮公司的运力及其占据的集装箱运输市场份额情况如表 3 - 1 所示[102]。

表 3 - 1　　　　　集装箱运力排名全球前 20 位的班轮公司

排名	班轮公司名称	运力（TEU）	市场份额（%）
1	马士基（Maersk Line）	3031701	15.0
2	地中海（Mediterranean Shipping）	2660981	13.2
3	达飞（CMA CGM Group）	1821328	9.0
4	长荣（Evergreen Line）	949525	4.7
5	赫伯罗格（Hapag - Lloyd）	924417	4.6
6	中远（COSCO Container Lines）	867921	4.3
7	中海（China Shipping Container Lines）	691352	3.4
8	汉堡（Hamburg Sud Group）	651222	3.2
9	韩进（Hanjin Shipping）	629250	3.1
10	商船三井（MOL）	564212	2.8
11	东方海外（OOCL）	556310	2.8
12	阳明（Yang Ming Marine Transport）	542098	2.7
13	美集（APL）	537419	2.7
14	日本邮船（NYK Line）	524971	2.6
15	阿拉伯联合国轮船（UASC）	482617	2.4
16	韩国现代（Hyundai M M）	389153	1.9
17	川崎汽船株式会社（K Line）	385470	1.9
18	以星航运（Zim）	364048	1.8
19	太平洋船务（Pacific Int. Line）	362505	1.8
20	万海航运（Wan Hai Lines）	202899	1.0

资料来源：笔者根据参考文献［102］提供的数据整理得到。

本书研究在马士基、达飞、赫伯罗特、长荣、中远、中海和韩进海运等 7 家班轮公司的官网上，跟踪了 2015 年第四季度所有运营船舶的船期数据，经过细致的数据处理后，得到构建集装箱航运网络的数据集。Alphaliner 公司官网发布数据显示，上述 7 家班轮公司 2015 年的集装箱运输市场份额约占全球的 44.1%。此外，上述 7 家班轮公司的航线遍布 7 大洲，覆盖 134 个国家，因此，收集到的航线数据基本可以反映全球的集装箱航运情况。

班轮公司船期数据处理的步骤如下。

（1）在班轮公司官网上，获取 2015 年第四季度的船期数据，包括船舶名称、船舶挂靠港的名称、抵港时间、离港时间。

（2）对船期涉及的港口进行编号，初步得到 777 个港口。

（3）从 Sea-web Ports 数据库中查找所有港口的经纬度和吞吐量数据，该数据库提供超过 15000 个港口和码头的最新信息。

（4）由于不同班轮公司对同一港口的命名或有不同，因此需要对数据进行清洗：首先，根据港口名称相似度和查到的港口经纬度值相似度，删除重复的港口；其次，将同属一个港口的不同码头进行合并，例如宁波港和舟山港合并为宁波舟山港，洋山港、外高桥港并入上海港，蛇口、赤湾、盐田港并入深圳港等，最终整理得到 651 个港口。

（5）经过上述数据清洗后，根据船舶在港口的挂靠次序，整理出航线。

（6）将航线中的港口作为节点，在有航线经过的相邻港口之间增加连线作为边，节点和边以邻接矩阵形式进行保存，便于后续运算。

班轮公司船期数据处理流程以马士基公司的一条船期数据为例进行说明。先在马士基官网上获取船舶 2m v2 tbn3 的船期并保存在 Excel 文档中，如表 3-2 所示。

表 3 – 2 原始船期数据示例

船名	船舶编号	港口名称	港口编号	抵港时间	离港时间	挂靠次序
2m v2 tbn3	3	上海港	610	2015/11/26 0：01	2015/11/26 12：00	1
2m v2 tbn3	3	宁波舟山港	440	2015/11/27 6：00	2015/11/27 22：00	2
2m v2 tbn3	3	深圳港	120	2015/11/30 8：00	2015/11/30 22：00	3
2m v2 tbn3	3	新加坡港	623	2015/12/5 20：00	2015/12/6 16：00	4
2m v2 tbn3	3	苏伊士港	644	2015/12/17 23：00	2015/12/17 23：01	5

资料来源：马士基航运公司官网。

在表 3 – 2 中，第一列和第二列是船舶名称和船舶编号，第三列和第四列是船舶挂靠港名称和港口编号，第五列和第六列是船舶抵达和离开该港口的时间，第七列是船舶挂靠港口的顺序。接着，使用 Matlab R2016a 软件将该航线保存为邻接矩阵形式，软件代码如下：

```
Routes = xlsread('E：\routes. xlsx')；

r = routes；

A = zeros(5,5)；

N = size(r,1)；

L = sum(r >0,2)；

for i = 1：N

    for j = 1：L(i) − 1

        if (r(i,j) >0 && r(i,j + 1) >0)；

            A(r(i,j),r(i,j + 1)) = 1；

        end

    end

end

xlswrite('E：\A. xlsx',A,1)；
```

收集的船期数据中包含 7510 条船期记录，经过整理得到 651 个港口和 3822 个航段。将航线邻接矩阵输入 Gephi 软件进行可视化，得到全球港口的航运网络，如图 3 – 1 所示。

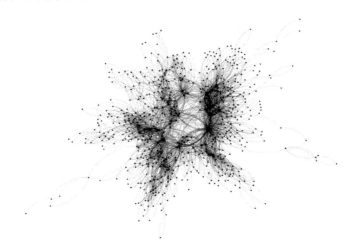

图 3 – 1　集装箱航运网络的 Gephi 软件可视化图

3.2　集装箱航运网络构建

记航运网络 $G = (V, E, W)$，V 表示港口集合，港口数量（网络的节点数）$n = |V|$，E 表示航段集合，航段数量（网络的边数）$m = |E|$，W 表示航段上的权重集合。航运网络用邻接矩阵 $A \in R_+^{n \times n}$ 表示，该矩阵的元素 a_{ij} 的值为：

$$a_{ij} = \begin{cases} w_{ij} & i, j \in V \\ 0 & \text{否则} \end{cases} \qquad \forall i, j \in V \qquad (3 – 1)$$

其中，$w_{ij} \in W$，表示航段 e 上的权重值，$w_{ij} = f_{ij} + f_{ji}$，f_{ij} 表示船舶从港口 i 出发抵达港口 j 的次数，即构建的航运网络将港口之间互访频率作为权重。

现有研究中，大多数将港口之间往来的货流量作为权重，但受限于货流量真实数据难以获取，往往使用分配到航线上的船舶的额定装载量替代。然而，船舶很少在一个港口装满或卸下全部的货物，这种估计权重的方式存在很大偏差。若无特殊说明，本书中所指航运网络 G 均和上述一致，是一个港口互访频率加权的无向网络。

3.3　集装箱航运网络拓扑特征分析

传统图论和网络科学在刻画复杂网络结构的拓扑特征上提出了许多概念和方法，以下从集装箱航运网络的拓扑结构特征入手，建立全球集装箱航运网络的基本分析，为后续深入研究航运网络连通性分析及应用奠定基础。

3.3.1　网络连接稀疏性

将港口分别按照编号升序和按照度值降序排列，绘制港口连接情况的散点图，得到图 3-2。

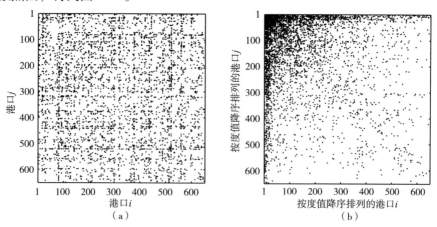

（a）　　　　　　　　　　　　（b）

图 3-2　集装箱航运网络的连接稀疏性

　　图 3 - 2（a）中，黑点代表邻接矩阵中的非零元素，表示港口 i 和港口 j 之间存在连接，黑点分布的不均匀意味着港口连接的非均匀特征；从按港口度值降序排列绘制的图 3 - 2（b）中可以看出，度值较高的港口之间连接非常稠密，度值较低的港口倾向于和度值较高的港口连接，而度值较低的港口之间连接非常稀疏。

　　网络连接的稀疏性体现在网络平均度远小于节点数。经过数值计算，集装箱航运网络的平均度为 8.8541，远小于节点数 651 个；航运网络中包含 3822 条边，相比于包含 651 个节点的具有全局耦合结构的网络的节点连接数目（211575），航运网络具有连接稀疏性。

　　借助网络密度定义量化航运网络的连接稀疏性，即网络中实际存在的边数与最大可能的边数之比[19]：

$$\rho_G = \frac{m}{n(n-1)} \qquad (3-2)$$

　　显然 $0 \leqslant \rho_G \leqslant 1$。根据 $n = 651$，$m = 3822$，计算可得 $\rho_G \approx 9.032 \times 10^{-3}$，近似于网络的平均度和节点数之比，航运网络具有明显的连接稀疏性。航运网络是在港口之间海运货物需求下形成的复杂网络，网络中的连接集中于国际贸易往来频繁的区域，反过来说国际贸易往来频繁的区域之间航运连通性强。同时，这意味着国际贸易深化的地区间航运网络将趋于稠密。稠密化意味着航运网络连通性的增强，对于班轮公司或者港口运营者来说，对国际贸易趋势的准确预测有助于其作出合理的航线规划或者港口投资决策。

3.3.2　小世界特性

　　1967 年，美国心理学教授斯坦利·米尔格拉姆（Stanley Milgram）通过人际关系网络研究，提出了著名的六度分隔理论，即任何两个互不相识的人平均只需通过六个人就可以联系到对方。瓦特和斯特罗加茨为了揭示六度分隔的原理，对多个不同类型网络的结构进行分析，发现许多现实网络虽然规模巨大，但具有较小的平均路径长度，并在 1998 年提出复杂网络的小世界特性[14]。近年来，许多学者通过仿真试验发现集装箱班轮航运网络同样具备小世界特性，港口之间不超过六步就可以实现连通[51,53,54,103]。

小世界特性是复杂网络的典型特征[14]。与随机网络或规则网络相比，小世界网络中的节点同时具备较小的平均路径长度和较大的聚类系数的特性。一般通过与随机网络拓扑特性的对比度量网络的小世界特性，如式（3-3）所示。

$$\sigma = \gamma/\lambda \qquad (3-3)$$

其中，$\gamma = C/C_{random}$，$\lambda = L/L_{random}$，C 和 L 分别表示网络的聚类系数和路径长度，C_{random} 和 L_{random} 分别表示与该网络的度分布相似的随机网络的聚类系数和路径长度。如果 $\sigma > 1$，说明网络具有小世界特性[104]。已有研究表明，与复杂网络的度分布相似的随机网络的聚类系数和路径长度为：

$$C_{random} = \langle k \rangle / n \qquad (3-4)$$

$$L_{random} \approx \frac{\ln(n)}{\ln(\langle k \rangle)} \qquad (3-5)$$

其中，$\langle k \rangle$ 和 n 表示网络的度和节点数。在收集的数据集中，全球航运网络的港口数量为 651 个，通过计算得到 $\langle k \rangle = 8.8541$，$C = 0.5016$，$L = 3.3941$，进而可得 $\sigma \approx 32.2781$。结果表明，σ 值远大于 1，意味着全球航运网络具有显著的小世界特性，即每两个港口之间都可以通过一条较短的路径相互连接，航运网络的连通效率较高。

3.3.3 无标度特性

航运网络连接稀疏却具有小世界特性，意味着网络中有一些港口有很高的度值，而多数港口的度值较低。表 3 − 3 列出了度值排名前 20 位的港口。

表 3 − 3　　　　　　　　度值排名前 20 位的港口

排名	港口名称	度值	所属国家	所属区域
1	新加坡港	157	新加坡	亚洲
2	釜山港	118	韩国	亚洲
3	巴生港	108	马来西亚	亚洲
4	上海港	100	中国	亚洲
5	鹿特丹港	99	荷兰	欧洲
6	阿尔赫西拉斯港	95	西班牙	欧洲
7	赛义德港	94	埃及	非洲
8	香港港	93	中国	亚洲
9	深圳港	82	中国	亚洲
10	丹戎帕拉帕斯港	82	马来西亚	亚洲
11	汉堡港	79	德国	欧洲
12	曼萨尼约港	78	墨西哥	美洲
13	迪拜港	73	阿拉伯联合酋长国	亚洲
14	马耳他港	68	马耳他	欧洲
15	不来梅港	66	德国	欧洲
16	巴拿马运河	64	巴拿马共和国	美洲
17	科伦坡港	61	斯里兰卡	亚洲
18	勒阿弗尔港	61	法国	欧洲
19	宁波舟山港	61	中国	亚洲
20	丹吉尔港	61	摩洛哥	非洲

从表3-3中可以看出，度值排名靠前的港口，或具备天然的地理优势，是国际著名的转口港，或位于世界贸易中心，集装箱生成量巨大。例如，新加坡港度值排名位居榜首，与157个港口相连，该港口是连接太平洋和印度洋的航运要道；度值排名第4位的上海港，是中国沿海最重要的枢纽港，经济腹地广阔，直达航线密集，集装箱吞吐量世界第一。

将港口度值从小到大排序，统计出度值为 k 的港口占全部港口数的比例 p_k，即在网络中随机选取度值为 k 的港口的概率。为了消除分布尾部类似噪声扰动的偏差，使用累积度分布光滑化处理：

$$P_k = \sum_{k'=k}^{\infty} p(k') \qquad (3-6)$$

累积度分布表示度值不小于 k 的港口在整个航运网络中所占的比例，如图3-3（a）所示。从图3-3（a）中可以观察到，港口度分布呈现出长尾特征，大部分港口度值较小，只有少数港口度值较大。对累积度分布进行拟合：$P_k = 5.844k^{-2.329}$，其幂指数值 $2 \leqslant \alpha \leqslant 3$，且累积度分布在双对数坐标系中近似有一条直线 ［见图3-3（b）］，最小二乘直线拟合的可决系数 $R^2 = 0.905$，因此，可以推断航运网络服从幂律分布，具有无标度特性[22]。

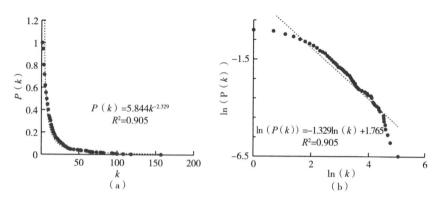

图3-3　集装箱航运网络的无标度特性

航运网络的无标度特性，意味着全球航运网络连通性具有明显的非均匀特征。少数重要港口在全球航运网络中处于核心地位，在连通整个航运网络中起到关键作用。同理，对互访频率加权的航运网络的无标度特性进行分析，结果如图 3 - 4 所示。

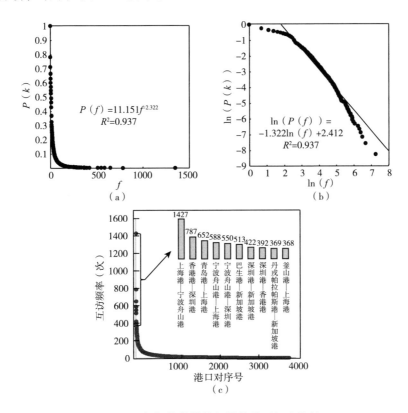

图 3 - 4　加权集装箱航运网络的无标度特性

从图 3 - 4（a）中可以观察到，港口之间的互访频率分布同样呈现出长尾特征，累积度分布拟合为 $P_f = 11.151f^{-2.322}$，其幂指数值 $2 \leqslant \alpha \leqslant 3$，且累积度分布在双对数坐标系中近似有一条直线 ［见图 3 - 4（b）］，最小二乘直线拟合的可决系数 $R^2 = 0.937$，可以推断互访频率加权航运网络同样服从幂律分布，具有无标度特性。

港口之间的互访频率如图 3 - 4（c）所示。上海港和宁波舟山港之间往来最为密切，频率值为 1427，紧接着的是频率值为 787 的香港港和深圳港。这表明少数港口访问频率较高，新加坡港位居榜首，每天被访问的频率高达 60 次；大部分港口访问频率较低，80% 港口每天被访问的频率小于 3 次。这与现实情况相符，在全球集装箱航运系统中，大多数港口只有通过枢纽港才能互相连通，而少数的枢纽港由于具备天然的地理优势或位于世界贸易中心，和其他港口之间往来频繁，在航运网络中处于核心地位。

3.3.4 鲁棒性

网络的鲁棒性是指网络中的部分节点或边出现随机故障或遭到蓄意破坏时，网络仍然能够维持特定功能的能力[105]。航运网络结构变化的主要诱因包括自然灾害（台风、海啸、地震等）、计算机黑客、海盗掠夺、工人罢工、战争以及海上交通事故等意外事故[64]。当遭遇事故时，港口和航线处于失效或崩溃状态，相当于部分港口或航线从网络中被移除出去，导致部分港口之间无法连通，整个航运网络的连通性随之下降，无法再提供正常水平的航运服务，甚至瘫痪。不同事故发生的概率存在差异，例如自然灾害、海上交通事故的发生一般具有不可预测性、随机性，等同于航运网络遭受随机攻击，而计算机黑客和工人罢工或战争往往发生于特定的港口或航运公司，等同于航运网络遭受蓄意攻击。为此，设计随机攻击和蓄意攻击两种攻击模式对集装箱航运网络的鲁棒性进行仿真分析。

蓄意攻击的目的是使得特定港口或航线被攻击后对网络造成尽可能大的破坏，因此，攻击主体倾向于攻击那些在网络中处于核心或重要地位的港口。这些港口在整个航运网络中，通常显现出十分突出的拓扑结构特征，例如度值和介数等，因而设计基于度值和基于介数两种不同策略的仿真实验方案。

航运网络的鲁棒性意味着移除某些港口后，其余港口之间依然保持连通的程度。因此，在攻击网络的过程中，网络被破坏而依旧具备一定的连通性，因此通过最大连通子图和网络效率两个指标来观察。

假设被攻击的港口数量占初始航运网络总港口数量的比例为 η，最大连通子图相对大小为 η，其中，η 指的是最大连通子图中的港口数量 τ 与初始网络中港口数量 n 的比值，即：

$$\eta = \frac{\tau}{n} \qquad (3-7)$$

式（3-7）中，η 值越大，表示航运网络的最大连通子图包含的港口数量越多，网络维持连通的能力越强；与此同时，随着网络被破坏的程度增加，η 值会越来越小，而 η 值变化越大，说明受攻击的港口对网络连通性能的影响越大。

假设航运网络中任意两个港口之间的最短路径长度为 d_{ij}，将网络效率定义为网络中所有港口的最短路径长度倒数之和，即：

$$e = \frac{1}{n(n-1)} \sum_{i \neq j} \frac{1}{d_{ij}} \qquad (3-8)$$

当网络中部分港口失效或崩溃，部分航线无法挂靠这些港口，只能绕行，甚至无法连通，故而使得网络效率下降。

航运网络鲁棒性分析的仿真流程如下。首先，计算初始航运网络的最大连通子图相对大小和网络效率，并将港口按照度值或介数大小降序排列；其次，进行网络攻击，蓄意攻击是从航运网络中选择度值或介数最大的港口进行移除，如果网络中有多个度值或介数相同的港口则任意选择一个进行移除，而随机攻击是在航运网络中随机移除不重复的港口；最后，更新航运网络，并计算网络中剩余港口的度值或介数，循环该过程直到所有港口被移除。上述仿真流程如图 3-5 所示。

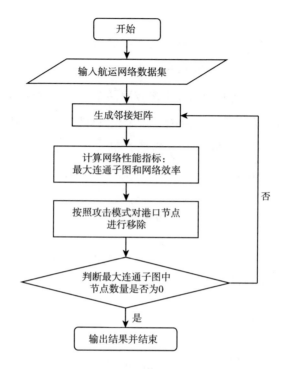

图 3 – 5　航运网络鲁棒性分析仿真流程

3.3.4.1　基于度值仿真的鲁棒性分析

针对蓄意攻击和随机攻击两种模式，基于度值仿真策略，进行 n 次仿真实验，并输出每次实验计算得到的最大连通子图大小 η 值和网络效率 e 值。其中，当航运网络受到两种不同类型的攻击时，η 值变化情况如图 3 – 6 所示。

从图 3 – 6 中发现，当航运网络受到蓄意攻击时，最大连通子图相对大小 η 值变化呈现出先急剧下降后平缓趋于零。当航运网络中约 15% 的港口失效时（$f \approx 0.15$），最大连通子图包含的港口数量仅为所有港口数量的一半（$\eta \approx 0.5$），意味着航运网络中只有半数港口可以互通货物；当航运网络中约 50% 的港口失效时（$f \approx 0.5$），最大连通子图包含的港口数量仅占所有港口数量的 1%（$\eta \approx 0.01$），意味着大部分港口为孤立节点，整个网络呈现几乎不连通状态。这是由于度值较高港口往往位于多个连通子图上，一旦蓄意攻击这些港口使其失效，将使整个航运网络分解为多个子网络，进而导致众多度值小的港口成为孤立港口，从而破坏航运网络的连通性，造成网络瘫痪。

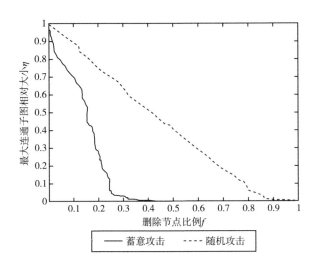

图 3-6 基于度值仿真的 η 值变化

相比之下，当航运网络受到随机攻击时，最大连通子图相对大小 η 值随着删除节点比例 f 值线性减小。当航运网络中约 90% 的港口失效时（$f \approx 0.9$），最大连通子图包含的港口数量占所有港口数量的比例才下降到 1%（$\eta \approx 0.01$）。这意味着只有当大部分港口同时遭遇意外事故，才会导致整个航运网络瘫痪。

上述结果表明，当航运网络受到蓄意攻击时，表现出很差的鲁棒性；相较之下，当航运网络受到随机攻击时，表现出较强的鲁棒性。对于政府和港航公司来说，度值较高的港口在连通整个航运网络中起到重要作用，应予以重点关注和保护，在相关部门进行海事安全检查、港口应对极端天气的设施配备，以及高危事故防范预警等方面加大投入力度。

当航运网络受到两种不同类型的攻击时，e 值变化情况如图 3 - 7 所示。

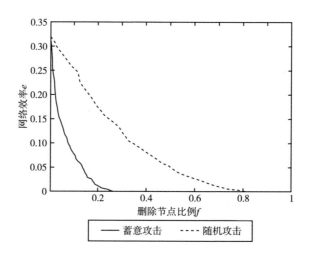

图 3 - 7　基于度值仿真的 e 值变化

从图 3 - 7 中可以看出，当航运网络受到蓄意攻击时，网络效率 e 值迅速减小。由于度值高的重要港口失效，初始网络分解为众多连通量小的子网络，当约 25% 的港口失效时（$f \approx 0.25$），多数度值小的港口成为孤立港口，导致大规模港口之间无法连通，网络效率极低（$e \to 0$）；当约 50% 的港口失效时（$f \approx 0.5$），所有港口成为孤立港口，网络彻底崩溃。

相比之下，当航运网络受到随机攻击时，网络效率 e 值相对较为平缓地下降，接近于线性递减趋势，当网络中约 75% 的港口失效时（$f \approx 0.75$），网络效率 e 值才趋于 0；当约 99% 的港口失效时（$f \approx 0.99$），网络才彻底崩溃，所有港口成为孤立港口。

上述分析表明，基于度值的港口删除下，最大连通子图相对大小和网络效率两个指标均对蓄意攻击敏感，而抵抗随机攻击的能力较强。现实中，多个港口遭到蓄意攻击或大规模港口随机失效的概率极小，因此，航运网络具有较强的鲁棒性。

3.3.4.2　基于介数仿真的鲁棒性分析

采用和基于度值仿真分析相同的实验方法，基于介数对航运网络进行蓄意攻击和随机攻击，进行 n 次仿真实验，最大连通子图大小 η 值和网络效率 e 值变化分别如图 3 - 8 和图 3 - 9 所示。

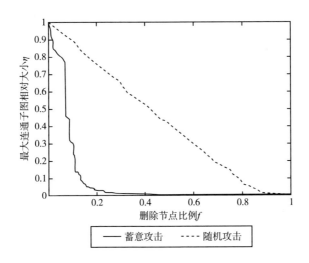

图 3 - 8　基于介数仿真的 η 值变化

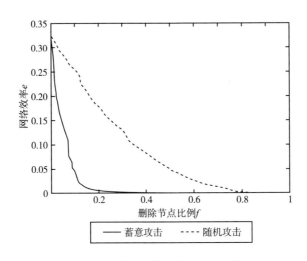

图 3 - 9　基于介数仿真的 d 值变化

图 3-8 和图 3-9 表现出与图 3-6 和图 3-7 几乎一致的 η 值和 e 值变化趋势，这证实了航运网络中港口的度值和介数之间具有很强的正向相关性，即度值较大的港往往介数也较大。变化趋势的区别在于，与基于度值的仿真策略相比，基于介数的仿真策略下 η 值和 d 值下降速度明显更快。在网络中，介数值越高的节点起到的桥梁作用越明显，这意味着在现实中，介数值越高的港口在航运网络中起到的货物转运作用越大。大型中转港往往都拥有很高的介数值，例如基于介数的蓄意攻击中，新加坡港、阿尔赫西拉斯港、釜山港、鹿特丹港、上海港被率先移除，这些港口的货物处理能力，对全球航运网络的连通性影响较大，当航运公司调整在这些港口的挂靠情况时，对全球航运网络上的货流分布也会有较大影响。

3.4 小　　结

本章首先对研究数据的来源和处理进行介绍，船期数据和港口信息分别来源于 7 家运力排名靠前的班轮公司官网和 Sea-Web Ports 数据库，获取数据包括船舶挂靠的港口、挂靠港口的次序、港口经纬度、集装箱吞吐量等，通过清洗和整理，生成航运网络数据集。其次，借助 EXCEL 和 MATLAB 软件构建了港口之间互访频率加权的集装箱航运网络，以邻接矩阵形式保存和运算。最后，对集装箱航运网络的基本拓扑特征进行分析，包括网络连接稀疏性、小世界特性、无标度特性和鲁棒性。

结果表明，全球集装箱航运网络具有明显的连接稀疏性，与海运集中在贸易往来频繁的区域之间的现实一致；小世界特性意味着每两个港口之间都可以通过一条较短的路径相连，全球集装箱航运网络的连通效率较高；无论是不加权还是加权的全球集装箱航运网络都表现出明显的无标度特性，这与全球航运连通的非均匀性密不可分；当全球集装箱航运网络受到蓄意攻击时，连通水平迅速下降，表现出很差的鲁棒性；相较之下，当全球集装箱航运网络受到随机攻击时，连通水平缓慢下降，表现出较强的鲁棒性。上述基本分析，为后续深入研究航运网络连通性分析及应用奠定了基础。

第4章

复杂网络视角下港口连通性分析

4.1 引　言

　　在全球经济一体化的背景下，国际贸易迅速发展，航运需求的不断扩大促进了航运业的强劲发展。许多港口为了吸引船公司，适应船舶大型化的新要求，争相投入巨额资金新建码头、升级码头原有配套设施，力争在激烈的港口竞争环境中夺得一席之地。通过建模量化港口的连通性，明确港口在特定区域乃至全球范围的地位，对港口在竞争环境中准确定位、制定发展战略，有重要的现实意义。船公司在港口布局时，通常会考虑港口的连通性，即港口与其他港口之间实现货物流通的便捷程度。一般说来，港口的连通性越强，在港口之间找到一条最短路径的可能性越大，货物在港口之间流通的成本也越低，意味着越能够吸引货主和班轮公司，从而为港口带来越多的货物[106]。识别港口在全球航运网络中的连通性水平，对船公司的航线设计与优化决策，具有现实意义。

近年来，学者对港口连通性进行评价，在指标的选取上大致有两种方法。一种方法是将港口业务统计信息作为连通性评价指标。例如，霍夫曼考虑船队配置、集装箱运力、班轮公司数量、航线数量和最大船舶规模等 5 个因素，创建了班轮运输连通性指数[107]；唐等将起讫港口的数量作为港口连通性评价的依据[71]；兰等使用运输能力、贸易线路、地理位置和班轮航线评价港口之间的连通性[72]。另一种方法是将港口置于全球航运网络中所体现出的拓扑特征作为连通性评价指标。例如，托瓦尔等设计了两组港口连通性评价指标，第一组网络相关指标包括平均路径长度、网络密度和网络直径，第二组节点相关指标包括度、介数和可达性，并对加那利群岛的主要港口进行连通性分析[74]；江等从运输时间和能力角度建立港口转运能力评价模型用以衡量港口连通性，并分析了港口连通性对航运网络的影响[75]；王等使用技术排序偏好理论（technique for order preference by similarity to an ideal solution，TOPSIS）方法对渤海湾内的青岛港、大连港和天津港进行了连通性评价，并对港口的可持续发展提出建议[108]。

前述研究为港口连通性评价指标构建提供了思路，同时发现，在全球航运网络视角下，依据港口在航运网络中所体现出的特征分析港口连通性是研究的趋势，而该视角下对我国特定港口连通性的研究尚不多见。复杂网络是研究网络的一种主要工具[108]。因此，本章借助复杂网络理论，选取港口连通性评价指标，应用主成分分析方法建立港口连通性综合评价模型，并将该评价模型应用于构建的集装箱航运网络，对全球港口连通性进行评价。同时，对"21 世纪海上丝绸之路"核心区福建省的 3 大集装箱港口进行重点分析，提出了福建省港口定位与发展、融入"21世纪海上丝绸之路"建设的政策建议。

4.2　港口连通性指标选取

港口连通可理解为从某个港口出发，至少可找到一条路径将货物运往其他港口。本书研究将港口连通性界定为港口与其他港口之间实现货物流通的便捷程度。借鉴托瓦尔等[74]评价指标选取的思路，从港口在航运网络中的相对重要性及其对航运网络连通影响程度两方面对港口连通性进行分析。选取复杂网络的中心性作为衡量节点的相对重要性指标，包括度中心性、介数中心性和特征向量中心性，选取复杂网络的核数、聚类系数和平均路径长度作为衡量节点对网络连通影响程度的指标。

4.2.1　度中心性

度是网络中与该节点直接相连的其他节点的数量，港口的度中心性越大意味着有越多的港口与该港口直接相连，该港口在航运网络中越重要，定义为[109]：

$$D(i) = \frac{1}{n-1} \sum_{i \neq j} (a_{ij} + a_{ji}) \quad \forall i, j \in N \qquad (4-1)$$

其中，N是航运网络中港口的集合，$n = |N|$为港口数量；A为邻接矩阵，矩阵元素用a_{ij}表示，如果两个连续的港口i和j之间至少有一条航线经过时$a_{ij} = 1$，否则为0。

4.2.2 介数中心性

介数中心性是指任意两个节点的最短路径通过特定节点的数量，如式（4-2）所示[109]。介数中心性越大表明经过该港口的网络流越多，该港口在网络中越重要。

$$B(i) = \frac{2}{(n-1)(n-2)} \sum_{i \neq j \neq k} \frac{\sigma_{jk}(i)}{\sigma_{jk}} \quad \forall i, j, k \in N \qquad (4-2)$$

其中，σ_{jk} 是港口 j 到 k 的所有最短路径的数量；$\sigma_{jk}(i)$ 是港口 j 到港口 k 的最短路径中经过港口 i 的数量。

4.2.3 特征向量中心性

特征向量中心性是度量一个节点的邻居节点的重要性，其值越大意味着与该港口直接相连的港口在网络中越重要。将邻接矩阵最大特征值对应的特征向量作为网络中节点的分值，节点 i 对其他节点分值的贡献即为特征向量中心性[109]，即：

$$E(i) = \frac{1}{\lambda} \sum_{i \neq j} a_{ij} v_j \quad \forall i, j \in N \qquad (4-3)$$

其中，λ 为 A 的最大特征值；v_j 为节点的中心性分值，即 λ 对应的特征向量。

4.2.4 核数

网络的 k-核指反复去掉度值小于 k 的节点及其连线后所剩的子网络，若一个节点存在于 k-核，而在 $(k+1)$-核中被移去，则该节点的核数为 k，记为 $H(i) = k$[109]。节点的核数表明节点在核中的深度，高核节点连通性越高，去除这些港口后对整个航运网络的连通性影响也越大。

4.2.5　聚类系数

聚类系数表示网络中一个节点的邻居节点也相邻的概率，聚类系数越大意味着与该港口直接相连的港口之间有航线相连的概率越大，该港口对航运网络连通的影响也越大，定义为节点 i 的邻居节点之间实际存在的边数占可能的最大连接边数的比例[109]为：

$$C(i) = \frac{2m_i}{n_i(n_i - 1)} \quad \forall i \in N \qquad (4-4)$$

其中，n_i 是与节点 i 相邻的节点数量；m_i 是 n_i 个节点相连的实际边数，若这 n_i 个节点都相互连接，它们之间最多存在 $n_i(n_i - 1)/2$ 条边。

4.2.6　平均路径长度

平均路径长度是连接两个港口的最短路径上的边数，其值越小说明该港口的货物越易到达其他港口，该港口对航运网络连通的影响也越大。节点 i 的平均路径长度定义为节点 i 和网络中其他节点之间最短路径所经过的边数的平均值[109]，即为：

$$L(i) = \left(\frac{1}{n_i^o} \sum_{i \neq j} l_{ij} + \frac{1}{n_i^l} \sum_{i \neq j} l_{ji} \right) / 2 \quad \forall i, j \in N \qquad (4-5)$$

其中，n_i^o 为节点 i 可到达的节点数量；l_{ij} 为节点 i 到节点 j 的最短路径；n_i^l 为可到达节点 i 的节点数；l_{ji} 为节点 j 到节点 i 的最短路径。由于航运网络为有向网络，因此 $l_{ij} \neq l_{ji}$。

4.3 港口连通性综合评价模型

考虑到选取的 6 个指标之间存在一定相关性，因而反映出的港口连通性内涵存在一定程度的重叠，同时，为增强连通性评价结果的易理解性，直观看出港口在航运网络中的连通性地位，应用主成分分析法约简评价指标，并借助主成分指标构建连通性综合评价函数[110]。

（1）数据标准化。

令样本矩阵 $X^* = (x_{ij}^*)_{n \times p}$，$\forall i = 1, 2, \cdots, n$，$j = 1, 2, \cdots, p$，其中 n 为港口数量，p 为指标数量。对 X^* 进行标准化处理，得到标准化样本矩阵 $X = (x_{ij})_{n \times p}$，矩阵元素 $x_{ij} = (x_{ij}^* - x_j^*)/s_j^*$，$x_j^*$ 和 s_j^* 分别表示港口在第 j 个指标的样本均值和样本标准差。

（2）计算相关系数矩阵及其特征值。

计算指标间的相关系数矩阵 $R_{P \times P}$，对其进行巴特利球形度检验和 KMO（Kaiser-Meyer-Olkin）检验，计算 $R_{p \times p}$ 的特征值 λ_j，$\forall j = 1, 2, \cdots, p$，对特征值进行降序排列，得到其对应的特征向量 e_j，进而得到各个主成分 $F_j = Xe_j$。

（3）提取主成分。

将每个主成分对应的特征值 $\varphi_j = \lambda_j \Big/ \sum_p \lambda_j \times 100\%$ 作为方差贡献率，那么，前 q 个主成分的累积方差贡献率 $\rho = \sum_q \lambda_j \Big/ \sum_p \lambda_j \times 100\%$，遵循 $\rho \in [80\%, 90\%]$ 的原则，提取前 q 个主成分。

（4）构建连通性综合评价模型。

将主成分的方差贡献率作为权重，线性加权主成分得到港口连通性综合评价模型：

$$Z_i = \sum_{m=1}^{q} \varphi_m F_{im}, \forall i \in N \qquad (4-6)$$

根据上述模型，可以计算出第 i 个港口的连通性综合评价值，以下称之为港口连通度。

4.4　结果与讨论

4.4.1　全球港口连通性分析

将第 3 章中整理得到的航运网络数据集作为数据输入，使用 MATLAB 2016a 软件编写代码实现港口连通性综合评价模型。首先，将所有港口的指标数据写入矩阵 $X^* = x_{ij}$，$i = 1, 2, \cdots, 651$，$j = 1, 2, \cdots, 6$。其次，对 X^* 进行标准化处理得到样本矩阵 X，计算指标间的相关性，结果如表 4 - 1 所示。

表 4 - 1　　　　　　　　港口连通性评价指标之间的相关系数

指标	指标 1	指标 2	指标 3	指标 4	指标 5	指标 6
指标 1						
指标 2	0.899					
指标 3	0.893	0.764				
指标 4	0.750	0.468	0.695			
指标 5	- 0.265	- 0.264	0.177	0.142		
指标 6	- 0.579	- 0.396	- 0.621	- 0.677	- 0.009	

从表 4 - 1 中可以计算出 60% 指标的皮尔逊相关系数 $|R| > 0.5$，说明 6 个指标之间存在较强的相关关系。借助 SPSS 24.0 进行 Bartlett 球形度和 KMO 检验，结果显示：巴特利球形度近似卡方值为 3672，统计量为 15，相应概率为 0.00；KMO 测度值为 0.680，较为接近 1.0。上述结果表明，采集的样本数据适合进行主成分分析。主成分计算结果如表 4 - 2 所示。

表 4 - 2　　各主成分对应的特征值、方差贡献率、累积方差贡献率及特征向量

j	λ_j	φ_j	ρ	e_j
1	3.78	63.00	63.00	$[-0.50, -0.43, -0.48, -0.42, 0.14, 0.37]$
2	1.06	17.71	80.71	$[0.09, 0.23, -0.03, -0.21, -0.85, 0.42]$
3	0.65	10.79	91.50	$[-0.21, -0.54, -0.16, 0.42, -0.49, -0.46]$
4	0.32	5.25	96.75	$[-0.13, 0.20, 0.01, -0.69, -0.12, -0.67]$
5	0.17	2.84	99.59	$[-0.14, -0.44, 0.84, -0.22, -0.04, 0.14]$
6	0.03	0.41	100.00	$[0.81, -0.48, -0.18, -0.28, 0.02, -0.02]$

根据表 4 - 2 中的特征向量得到主成分 $F_j = Xe_j$，$\forall j = 1, 2, \cdots, 6$。为了使综合评价分析最大限度地减少信息损失，提取累计方差贡献率为 96.75% 的前 4 个主成分，应用港口连通性综合评价模型（4 - 6）可得：

$$Z_i = 0.63f_{i1} + 0.18f_{i2} + 0.11f_{i3} + 0.05f_{i4}, \forall i, j \in N \qquad (4 - 7)$$

通过上述式子计算港口的连通度，将港口按照连通度值降序排列，全球港口连通度计算结果如图 4 - 1 所示。

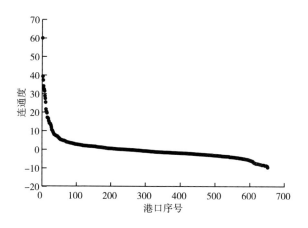

图 4 - 1　全球港口连通度

观察图 4 - 1 发现，少数港口具有较强的连通度，多数港口的连通度并不高。将连通度排名全球前 20 位的港口列出，如表 4 - 3 所示。表 4 - 3 中数据显示，亚洲港口数量占 50%，其中，中国的港口有 5 个（上海港、

深圳港、香港港、宁波舟山港、高雄港），东南亚国家港口有 3 个（新加坡港、巴生港、丹绒柏乐巴斯港），东北亚港口有 1 个（釜山港），中东港口有 1 个（迪拜港）。其余 10 个港口中，欧洲港口有 7 个，分别是汉堡港、不莱梅港、勒阿弗尔港、鹿特丹港、马耳他港、阿尔赫西拉斯港、比雷埃夫斯港；美洲港口有 2 个（巴拿马港、曼萨尼约港），非洲有 1 个（塞得港）。

表 4 - 3　　　　　　　连通度排名全球前 20 的港口

港口连通度排名	港口名称	所在区域	所在国家	LSCI	LSCI 世界排名
1	新加坡港	亚洲	新加坡	117.13	2
2	釜山港	亚洲	韩国	113.2	4
3	巴生港	亚洲	马来西亚	110.58	5
4	塞得港	非洲	埃及	61.45	19
5	阿尔赫西拉斯港	欧洲	西班牙	84.89	11
6	鹿特丹港	欧洲	荷兰	96.33	8
7	上海港	亚洲	中国	167.13	1
8	深圳港	亚洲	中国	167.13	1
9	香港港	亚洲	中国	167.13	3
10	丹绒柏乐巴斯港	亚洲	马来西亚	110.58	5
11	汉堡港	欧洲	德国	97.79	6
12	曼萨尼约港	美洲	墨西哥	42.95	34
13	巴拿马港	美洲	巴拿马	45.59	31
14	迪拜港	亚洲	阿联酋	70.4	14
15	勒阿弗尔港	欧洲	法国	77.06	12
16	宁波舟山港	亚洲	中国	167.13	1
17	马耳他港	欧洲	马耳他	54.68	21
18	比雷埃夫斯港	欧洲	希腊	46.81	27
19	高雄港	亚洲	中国	167.13	29
20	不来梅港	欧洲	德国	97.79	6

联合国贸易和发展会议每年发布的 LSCI 指数，反映了各国的班轮运输连通指数[111]。把本书研究计算出的港口连通度排名与港口所在国的 LSCI 排名进行比较（见表 4 - 3 第一列与最后一列），发现两者排名大体

上具有一致性。例如，LSCI 排名前 10 位的国家均有港口连通度排名在前 20 位中。然而，一些港口的二者排名具有较大差异，主要有塞得港、阿尔赫西拉斯港、马耳他港、比雷埃夫斯港、高雄港、巴拿马港、曼萨尼约港等。这些港口分布在不同的地理区域，所在国家本身并不具备生成大量集装箱货物的经济腹地，港口吞吐量大多不到 500 万 TEUs（数据均统计于 2015 年，同期的世界集装箱港口吞吐量排名第一的上海港，吞吐量为 3650 万 TEUs），但都位于世界东西方向的主要航线通道上，因此成为世界大型转运港，拥有很强的连通性，在全球航运网络的连通中发挥了关键作用。例如，塞得港、阿尔赫西拉斯港、马耳他港和比雷埃夫斯港位于亚欧航线的必经通道上；巴拿马港和曼萨尼约港位于连接大西洋和太平洋的关键通道上；高雄港则位于台湾海峡，历史上曾经是世界第三大港，目前依然是环太平洋洲际航线的重要枢纽港。上述结果基本反映了现实情况，这也从侧面验证了使用本书研究所提出的方法评价港口连通性的可行性和有效性。

4.4.2 福建省港口连通性分析

4.4.2.1 研究对象选取的现实依据

福建省在"一带一路"倡议中被定位为"21 世纪海上丝绸之路"（以下简称"海上丝路"）建设的核心区。作为历史上海上丝绸之路的重要起点和主要发祥地，积极建设海上丝路核心区，既是使命和责任，更是机遇和挑战。国际贸易依赖于海上运输，海上丝路建设旨在构筑一条我国对外开放的海上通道，以港口为国际贸易通道的重要节点，将亚非欧三大洲紧密联系起来，通过主动合作应对全球经济增速放缓的新形势。建设港口互联互通是福建省建设海上丝路核心区、实施 21 世纪海上丝绸之路倡议的最佳切入点。在历史上，福建省是我国港口开发较早的地区之一，然而，福建省优良的港湾由于复杂的国内外因素，港口资源没有得到充分的利用，港口整体发展与沿海省港口相比偏慢[2]。由于南有珠三角港口、北有长三角港口，福建省在陆向腹地竞争中面临拓展有限的挑战，因此，明确福建省港口的连通性地位，可以为福建省港口在海上丝路新时代背景下，把握机遇、积极融入海上丝路建设倡议提供重要的理论依据。

4.4.2.2 福建省港口与海上丝路沿线区域互联互通概况

有别于在全球航运网络中测度福建省港口的连通性，本节选取 572 个海上丝路沿线港口构建海上丝路航运网络，并分析福建省港口在海上丝路航运网络中的连通性地位。统计可知，2015 年经直达航线与福建省港口连通的国家和地区共 45 个，涉及的 126 个港口的区域分布情况如表 4 - 4 所示。

表4-4　　福建省港口通过直达航线与海上丝路沿线地区连通的情况　　单位：个

区域	海上丝路沿线港口数量	与福建省港口有直达航线的港口数量	和福建省港口之间的直达航线数量
欧洲	173	23	98
非洲	97	24	107
亚洲	271	75	213
大洋洲	31	4	5
合计	572	126	213

资料来源：笔者根据计算结果整理得到。

表 4 - 4 的数据显示，海上丝路航运网络内部港口达 572 个，其中约 1/2 的港口是亚洲港口，超过 1/3 的港口是欧洲港口。这与亚欧航线货运量规模庞大密切相关，亚欧航线是全球最为繁忙的主干航线之一，沿途所经的欧洲发达国家众多且亚洲新兴国家潜力大，物产丰富和货源充足使该航线成为班轮公司激烈争夺和大力布局的重点航线。非洲港口约占 1/6，受益于近年来以马士基航运为代表的班轮巨头在非洲港口进行码头投资与航线配置，非洲对外海运贸易以能源、原料出口和工业制成品、消费品进

口为主，随着非洲经济规模的持续攀升，贸易需求也日益增长，非洲港口发展潜力巨大。大洋洲集装箱港口数量最少，港口所在的地区仅有澳大利亚和新西兰两国经济较为发达，其余岛国均为发展中国家。

从与福建省港口有直达航线的港口数量来看，福建省港口与亚洲国家之间的航运联系最为紧密，经由直达航线连通东亚、北亚、东盟、南亚和西亚等地区的港口多达 75 个。随着近年来全球经济格局的变化，东亚成为全球集装箱港口体系的重心，全球排名前 10 位的集装箱港口中，8 个位于东亚。中国大陆拥有 20 个世界百强港口，福建省港口作为东亚港口，拥有优越区位，将在东亚与海上丝路其他区域互联互通中发挥重要作用。福建省港口与欧洲国家的联系程度仅次于东亚，紧接着是非洲、西亚和东盟国家。跨洋航线网络的形成源于经济需求，东盟与欧盟作为福建省的第二和第三大贸易伙伴（2015 年贸易总额占福建省对外贸易总额的 30.14%[112]），将是海上丝路建设中经贸深度合作的重点对象。福建省与非洲互通的港口数量达 24 个，但福建省与非洲贸易额占福建省对外贸易总额的比例不足 10%，意味着二者经贸合作层次有待提升。福建省对西亚进出口处于快速增长时期，增长率超过全省平均水平，贸易额占全省进出口总额的 8.8%[113]；与南亚、北亚和大洋洲国家的联系最弱，一方面是由于上述区域港口数量较少，另一方面是由于福建省与上述地区的经贸合作规模较小，以大洋洲为例，近十年来，双边贸易总额仅占同期福建省对外贸易总额的 2.62%[114]。

4.4.2.3 福建省港口连通性评价结果

将构建的海上丝路航运网络数据集作为输入，计算全球港口的 6 个港口连通性指标。将港口度中心性、介数中心性和特征向量中心性按照值大小降序排列，结果如图 4-2（a）、（b）和（c）所示，将港口核数、聚类系数、平均路径长度按港口编号升序排列，结果如图 4-2（d）、（e）和（f）所示。福建省港口连通性评价结果如表 4-5 所示。

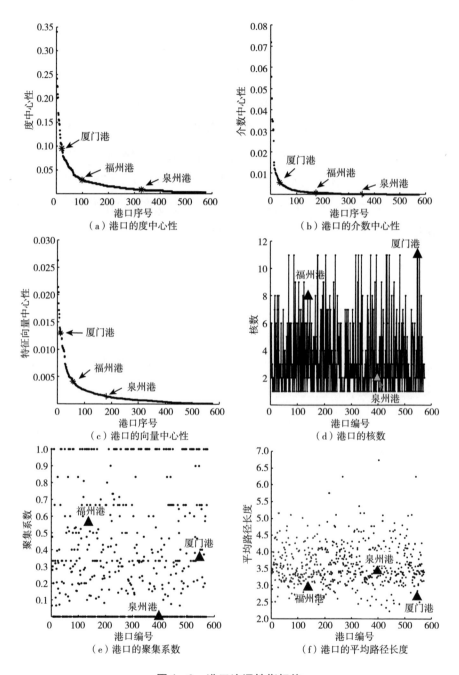

图 4-2　港口连通性指标值

表 4 - 5　　　　　　　　　福建省港口连通性评价结果

港口	连通性指标					
	$D(i)$	$10^3 B(i)$	$E(i)$	$H(i)$	$C(i)$	$L(i)$
福州港	0.030	0.718	0.004	8	0.571	2.993
厦门港	0.089	5.160	0.013	11	0.377	2.667
泉州港	0.009	0.027	0.001	2	0	3.410

由表 4 - 5 可知，厦门港的度中心性值最大，说明与福州港和泉州港相比，与厦门港有直接相连的海上丝路港口数量最多；厦门港的介数中心性远超过福州港和泉州港，意味着有最多的班轮航线在厦门港挂靠；厦门港的特征向量中心性值最大，说明与厦门港直接相连的港口在航运网络中也占据了更为重要的地位；厦门港的核数最大，表明厦门港在航运网络中属于核心港口；福州港的聚类系数小于厦门港，意味着度值小的港口更趋向于聚集成团，而泉州港聚类系数为 0，这是由于与泉州港相邻的港口之间没有直达航线；从平均路径长度结果看，世界上任意一个港口和厦门港、福州港之间通过不到 3 个航段就可相互连通，和泉州港之间则需 4 个航段。

从连通度计算结果来看，福州港、厦门港和泉州港的连通度分别为 7.462、18.53 和 - 2.994，在 572 个港口中排名为第 52、第 18 和第 357，如图 4 - 3 所示。

按照连通度大小将样本港口分为四种类型：Ⅰ级强连通型港口（$15 \leqslant Z_i < 50$），Ⅱ级较强连通型港口（$5 \leqslant Z_i < 15$），Ⅲ级一般连通型港口（$0 \leqslant Z_i < 5$），Ⅳ级弱连通型港口（$Z_i < 0$）。根据上述分类，得到Ⅰ级港口 25 个，占比 4.37%；Ⅱ级港口 56 个，占比 9.79%；Ⅲ级港口 165 个，占比 28.85%；Ⅳ级港口 326 个，占比 56.99%。显然，福州港为Ⅱ级港口，厦门港为Ⅰ级港口，泉州港为Ⅳ级港口。

为进一步分析福建省港口连通性的现状和地位，选取"一带一路"重点建设的 8 个世界百强港口进行比较，分别是：上海港、深圳港、宁波舟山港、广州港、青岛港、天津港、大连港和烟台港，绘制 11 个港口吞吐量与连通度散点图，如图 4 - 4 所示。

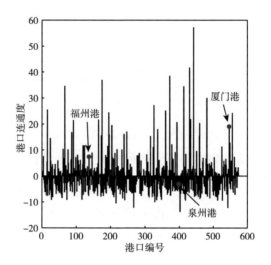

图 4 - 3　海上丝路港口连通度

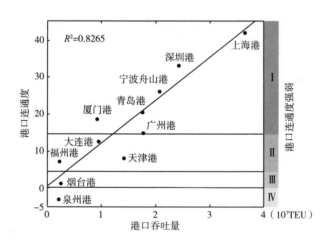

图 4 - 4　港口吞吐量与连通度相关性分析

图 4 - 4 表明，港口的连通度排名与其吞吐量排名大体一致，在一定程度上验证了本书研究连通度评价方法的有效性与可行性。港口连通度与吞吐量的线性拟合结果表明，二者存在显著正相关性，可决系数 $R^2 =$

0.8635。在Ⅰ级强连通型港口中，上海港的连通度排名和吞吐量排名均位于第 1，并且远高于其他港口。上海被定位为"国际性综合交通枢纽"，近年来上海港的基础设施能力提升很快，是我国航线密度最大的港口。大部分Ⅰ级港口，如深圳港、宁波舟山港和青岛港，都具有较为一致的连通度和吞吐量排名顺序，除了广州港和厦门港。广州港的吞吐量排名第 4，但连通度排名仅为第 6，这可能是由于广州与周边大型港口（如深圳港和香港港）地理位置十分接近，在提供转运服务时容易被邻近港口所替代。厦门港的吞吐量排名第 8，而连通度排名第 5，这与该港口优越的地理位置有关。厦门港是连接"两岸三地"和亚太地区集装箱运输的干线港，作为我国东南沿海的枢纽港口，在沿海货物转运中发挥着重要作用。在Ⅱ级较强连通型港口中，大连港和福州港的连通度与吞吐量保持了一致的水平，值得一提的是天津港，图 4 – 5 中天津港落在偏离拟合直线较多的位置，其连通度排名弱于吞吐量排名，这意味着天津港的国际中转运业务较少，这与天津港的地理位置有很大关系，天津港位于渤海湾底部，海上交通远不及周边大连港和青岛港便利。烟台港和泉州港是Ⅲ级和Ⅳ级港口，是海上丝路重点建设港口中吞吐量和连通度最弱的港口。

为分析 6 个指标对港口连通度的影响，标准化 11 个港口的连通性评价指标 $D(i)$、$B(i)$、$E(i)$、$H(i)$、$C(i)$ 和 $L(i)$ 数据，按港口连通度强弱自左向右排序后绘制图 4 – 5。

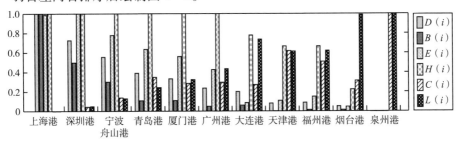

图 4 – 5 "一带一路"重点建设港口的连通性评价结果

由图 4-5 可见，随着港口连通度的不断减弱，$D(i)$、$B(i)$、$E(i)$ 和 $H(i)$ 数值不断下降，$C(i)$ 和 $L(i)$ 不断增加。也就是说，港口的度值、介数、特征向量与连通度呈正相关，港口的聚类系数和平均路径长度与连通度呈负相关。进一步计算上述指标与连通度 $Z(i)$ 的皮尔逊相关系数，值为 0.962、0.781、0.906、0.644、-0.689 和 -0.896，表明度中心性、特征向量中心性和平均路径长度对连通度的影响远大于介数中心性、核数和聚类系数。提升度中心性、特征向量中心性和平均路径长度将有助于大幅提升港口的连通性。可见，港口应通过提升服务，吸引班轮公司挂靠，增加出入度值，提升港口的度中心性，尤其要开辟与连通性较强的港口之间的航线，从而提升港口的特征向量中心性，缩短港口之间的平均路径长度。

4.4.2.4　政策启示

本章为福建省港口发展提出如下政策建议。

首先，福州港为Ⅱ级较强连通型港口，在海上丝路航运网络中，福州港连通度排名第 52 位。相比福州港在世界港口吞吐量中的排名（第 75 位），说明福州港在整个网络中的港口链接能力较强、海向腹地吸引力大于陆向腹地。建议福州港积极开拓陆向腹地，通过出台优惠政策，加强与内陆无水港、飞地港的合作，大力发展临港工业，延伸港口经济产业链；同时，完善福州港集疏运体系，完善陆向腹地货物从福州港进出的公路和铁路运输通道，将其打造为福建省连通海上丝路沿线港口的枢纽港。

其次，厦门港为Ⅰ级强连通型港口，连通度排名位于海上丝路网络中第 18 位。厦门港在世界港口吞吐量中排名第 16 位，与连通度排名靠前的强连通型港口相比，如新加坡港、上海港、巴生港、香港港、釜山港、鹿特丹港、深圳港、丹戎帕拉帕斯港、宁波舟山港、阿尔赫西拉斯港、杰贝阿里港、比雷埃夫斯港、科伦坡港、汉堡港、青岛港、高雄港和苏伊士港，厦门港的国际中转业务有待拓展。建议厦门港重点发展国际集装箱干线运输，通过优惠政策支持吸引海上丝路沿线的国家或地区，尤其是东南亚等地的中转货物流向厦门港，提升国际班轮航线的密集度；进一步改善通关效率和优化港口服务，将其打造为东南沿海国际中转枢纽港。

最后，泉州港为Ⅳ级弱连通型港口，在海上丝路航运网络中，连通度排名第 357 位，在国际物流网络中的影响力较小。与此同时，泉州港在世界港口吞吐量中排名第 77 位，这主要源于泉州港本地集装箱生成量巨大，其内贸集装箱业务在全国排名第 5 位。建议集中泉州港码头资源，提升码头专业化程度、港口生产效率和利用率，在继续发展临港产业和重点拓展大宗散货运输的基础上，开辟更多集装箱内支线，将其打造为福州港和厦门港的远洋喂给港。

4.5 小 结

本章根据港口在航运网络中所体现出的拓扑特征分析港口的连通性地位，采用复杂网络和主成分分析法对港口连通性评价进行建模，并分别应用于全球集装箱港口和福建省港口连通性评价，得到的主要结果如下所述。

（1）在全球航运网络中，少数港口具有较强的连通度，多数港口的连通度并不高；港口的连通度排名与其所在国家的 LSCI 排名大体一致，但有部分港口如塞得港、阿尔赫西拉斯港、马耳他港、比雷埃夫斯港、高雄港、巴拿马港、曼萨尼约港等，由于地处世界东西方向的主要航线通道上，成为世界大型转运港，因而观测到这些港口吞吐量并不高却拥有很强的连通性，在全球航运网络的连通中发挥了关键作用。全球港口连通性评价结果基本反映了现实情况，这也从侧面验证了本书研究所提出方法的可行有效。

（2）对海上丝路核心区福建省的 3 大集装箱港口进行连通性分析，结果发现，厦门港的连通性最强，福州港次之，泉州港的连通性最弱。厦门港的国际中转业务有待拓展，福州港在整个网络中的港口链接能力较强、海向腹地吸引力大于陆向腹地，泉州港在海上丝路航运网络中的影响力较小。港口的连通性，意味着港口与其他港口之间实现货物流通的便捷程度。一般来说，港口的连通性越强，在港口之间找到一条最短路径的可能性越大，货物在港口之间流通的成本也越低，越能够吸引货主和班轮公司，从而为港口带来越多的货物。随着"21 世纪海上丝绸之路"核心区建设的日益推进，港口在国际贸易中的作用也将越来越明显。福建省港口应抓住海上丝路核心区和自贸区建设的契机，围绕对接海上丝路资源和贸易货物，不断提升港口的经济、贸易和物流运营环境，为福建省成为沟通中国内陆与海上丝路沿线国家或地区的国际物流枢纽提供支撑。

本章提出的港口连通性评价方法，不仅可以解决科学地量化港口定位问题，而且得到的主要研究结果可以为相关政府部门、港口管理者制定港口发展战略提供依据。

第 5 章

基于特征值分解的航运网络连通性分析

5.1 引　言

全球货物贸易主要通过航运实现流通，航运网络的连通是国际贸易顺畅的重要保障。在航运领域，已有不少研究对航运网络的复杂性进行量化研究，通过揭示港口与航线的分布特性理解世界航运格局现状及演化，然而，关于航运网络连通性分析的研究还不多见。

连通性表示网络连通的强度。一组使连通图成为不连通图所需删除的边称为边割集，因而最小边割集可以作为衡量网络连通性的指标[19]。网络中的社团结构为网络连通性分析提供了很好的视角。所谓社团结构，是指整个网络由若干个社团组成，相同社团内部节点的相互连接比较稠密，而不同社团之间节点的相互连接比较稀疏[28]。通过检测出网络中的社团，不仅可以找到具备较强连通性的节点集合（社团内部的节点），还可以找到连通性较弱的连接集合（社团之间的边界），即最小边割集。

本章提出一种特征值分解算法，从社团检测的视角对全球集装箱航运网络连通性进行分析。首先，使用加权邻接矩阵表示航运网络；其次，计算邻接矩阵的无符号拉普拉斯矩阵，对其进行特征值分解，从而利用特征值的最大差值确定社团的数目；最后，通过降维的无符号拉普拉斯矩阵计算港口之间的余弦相似性，据此对航运网络进行社团划分。结果表明，全球集装箱航运网络被划分为跨太平洋航线、亚欧及跨大西洋航线、近西太平洋的南北航线沿线三个港口社团；与此同时，针对大规模交通运输网络分析问题，特征值分解算法体现出无须先验知识、计算效率高和社团划分结果合理的优点。

5.2　基于特征值分解的社团检测算法

记航运网络 $G = (V, E, W)$，V 表示港口集合，$n = |V|$，E 表示航段集合，$m = |E|$，W 是航段上的权重。航运网络用加权邻接矩阵表示为 A，其元素 a_{ij} 定义为：

$$a_{ij} = \begin{cases} w_{ij} & e = (i,j) \in E \\ 0 & \text{否则} \end{cases} \quad i \in V \qquad (5-1)$$

其中，令 $w_{ij} = f_{ij} + f_{ji}$，f_{ij} 表示船舶从港口 i 出发访问港口 j 的频率。加权邻接矩阵 A 本质上是港口与港口之间的连通关系和连通强度的体现，为了使航运网络表示矩阵中的元素不仅包含上述港口自身信息，还包含与之相连的其他港口的信息，引入对角矩阵 D，对角线上元素为：

$$d_{ii} = \sum_{j \in V} a_{ij}, \forall i \in V \qquad (5-2)$$

可得，无符号拉普拉斯矩阵 $|L| = D + A$：

$$|L_{ij}| = \begin{cases} d_{ii} + a_{ii} & when\ i = j \\ a_{ij} & when\ i \neq j \end{cases} \quad \forall i, j \in V \qquad (5-3)$$

无符号拉普拉斯矩阵 $|L|$ 不仅包含节点自身连通强度，还包含节点与邻居节点之间连通关系的信息。用对角矩阵和邻接矩阵之和表达港口之间的连接关系的另一个好处是，考虑了节点有自环的情况，符合现实航运网络中一个港口可能有多个码头的特征。由于 A 是对称矩阵，因此 $|L|$ 也是对称矩阵，必定存在 n 个非负特征值[115]。对 $|L|$ 进行特征值分解如下：

$$|L| = Q \Lambda Q^T \qquad (5-4)$$

其中，Λ 是 $|L|$ 的 n 个特征值，将特征值按从大到小降序排列，得到 $\lambda_1 \geqslant \lambda_2 \geqslant \cdots \geqslant \lambda_n$，对应的 n 个特征向量记为 $\varphi_1, \cdots, \varphi_n$。特征值分解本质是将节点之间的连通关系和连通强度信息映射到向量空间，进一步通过向量聚类分析，得到节点的社团划分结果。引入文献 [116] 的聚类算法，在 $|L|$ 的 n 个特征值中，找到拥有最大差值的第 k 个和第 $k+1$ 个特征值，将整个网络划分为 k 个社团。

对于服从幂律分布的网络的 $|L|$ 矩阵特征值，由于这类网络中的社团结构往往具有层次性，使特征值中存在若干个较大差值，差值呈现出阶梯式分布[117]。已有较多研究证实了航运网络服从幂律分布，因此，在使用特征值的最大差值找到航运网络中的 k 个港口社团后，使用相同聚类算法对第 k 个特征值对应的港口社团进一步划分。

在第 3 章中已经分析，全球集装箱航运网络中港口连接具有稀疏性，可知 A 和 $|L|$ 是稀疏矩阵。此外，$|L|$ 中的每一行或每一列代表了港口之

间的连通关系和连通强度。当两个港口与其他港口连通的情况较为相似时，对应于$|L|$中两行或两列存在线性相关，也就是说，两个港口如果具有相似的连通模式，其映射到向量空间中的信息存在冗余性。因此，为了提高运算效率，对$|L|$进行降维处理。令$L' = Q'\Lambda'Q'^T$，其中Λ'仅保留前k个特征值，Q'是前k个特征值对应的$n \times k$维特征向量矩阵。利用L'计算任意港口i和港口j之间的余弦相似性：

$$L'_{\text{cosine}}(i,j) = \frac{L'(i,:) \cdot L'(j,:)}{\|L'(i,:)\|\|L'(j,:)\|'}, \quad \forall i,j \in V \qquad (5-5)$$

对余弦相似性矩阵进行降序排列，依据同一个社团中的港口相似性较强，不同社团之间的港口相似性较弱的准则，将港口余弦相似性值划分为k段，余弦相似性值接近的港口属于相同社团，可得k个港口社团。基于特征值分解的港口社团检测算法过程描述如图 5-1 所示。

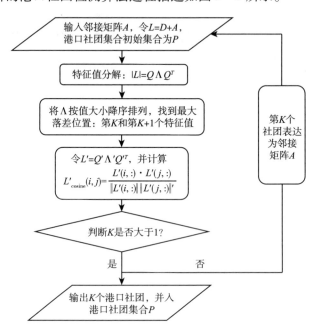

图 5-1　港口社团检测算法过程描述

5.3 结果与讨论

5.3.1 小规模网络验证分析

为了验证提出方法的可行性与有效性，使用一个小规模网络进行初步分析。设有网络由 7 个节点构成，节点之间的连接关系及连接上的权重值如图 5－2 所示。

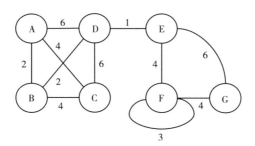

图 5－2 小规模网络

显然，该网络可用加权邻接矩阵表示为：

$$A = \begin{pmatrix} 0 & 2 & 4 & 6 & 0 & 0 & 0 \\ 2 & 0 & 7 & 2 & 0 & 0 & 0 \\ 4 & 7 & 0 & 6 & 0 & 0 & 0 \\ 6 & 2 & 6 & 0 & 1 & 0 & 0 \\ 0 & 0 & 0 & 1 & 0 & 4 & 6 \\ 0 & 0 & 0 & 0 & 4 & 3 & 4 \\ 0 & 0 & 0 & 0 & 6 & 4 & 0 \end{pmatrix}$$

由于其对角矩阵为：

$$D = \begin{pmatrix} 12 & 0 & 0 & 0 & 0 & 0 & 0 \\ 0 & 11 & 0 & 0 & 0 & 0 & 0 \\ 0 & 0 & 17 & 0 & 0 & 0 & 0 \\ 0 & 0 & 0 & 15 & 0 & 0 & 0 \\ 0 & 0 & 0 & 0 & 11 & 0 & 0 \\ 0 & 0 & 0 & 0 & 0 & 11 & 0 \\ 0 & 0 & 0 & 0 & 0 & 0 & 10 \end{pmatrix}$$

因此，网络的无符号拉普拉斯矩阵为：

$$|L| = \begin{pmatrix} 12 & 2 & 4 & 6 & 0 & 0 & 0 \\ 2 & 11 & 7 & 2 & 0 & 0 & 0 \\ 4 & 7 & 17 & 6 & 0 & 0 & 0 \\ 6 & 2 & 6 & 15 & 1 & 0 & 0 \\ 0 & 0 & 0 & 1 & 11 & 4 & 6 \\ 0 & 0 & 0 & 0 & 4 & 14 & 4 \\ 0 & 0 & 0 & 0 & 6 & 4 & 10 \end{pmatrix}$$

对其进一步特征值分解为：$|L| = Q\Lambda Q^T$，得到 $|L|$ 的特征值分布如图 5 – 3 所示。

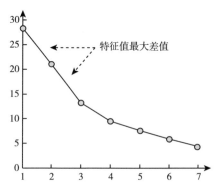

图 5 – 3   小规模网络的特征值分布

特征值最大差值位于第 2 个和第 3 个特征值之间，据此将该网络划分为两个社团。计算小规模网络的降维拉普拉斯矩阵值 $L' = Q'\Lambda'Q'^T$，结果如表 5 - 1 所示，并进一步计算节点之间的余弦相似性 $L'_{\text{cosine}}(i, j)$，结果如表 5 - 2 所示。

表 5 - 1　　　　　　　小规模网络的降维拉普拉斯矩阵值

L'	A	B	C	D	E	F	G
A	4.514	4.186	7.355	5.983	0.247	-0.046	-0.005
B	4.186	3.889	6.829	5.533	0.016	-0.276	-0.205
C	7.355	6.829	11.995	9.732	0.155	-0.347	-0.241
D	5.983	5.533	9.732	7.965	0.811	0.469	0.447
E	0.247	0.016	0.155	0.811	6.835	7.476	6.398
F	-0.046	-0.276	-0.347	0.469	7.476	8.200	7.015
G	-0.005	-0.205	-0.241	0.447	6.398	7.015	6.002

表 5 - 2　　　　　　　节点之间的余弦相似性值

$L'_{\text{cosine}}(i, j)$	A	B	C	D	E	F	G
A	1.000	1.000	0.999	0.998	0.062	0.010	0.002
B	1.000	1.000	1.000	0.997	0.039	-0.014	-0.021
C	0.999	1.000	1.000	0.996	0.027	-0.026	-0.034
D	0.998	0.997	0.996	1.000	0.119	0.066	0.059
E	0.062	0.039	0.027	0.119	1.000	0.999	0.998
F	0.010	-0.014	-0.026	0.066	0.999	1.000	1.000
G	0.002	-0.021	-0.034	0.059	0.998	1.000	1.000

根据余弦相似性值接近的节点属于相同社团，结合表 5 - 2 的结果可得，小规模网络被划分为两个社团，分别由节点 A、B、C、D 和节点 E、F、G 构成。该结果与图 5 - 1 中直观看到的网络节点 D 和 E 之间连接较为薄弱完全一致，一旦 D 和 E 之间的连接中断，那么整个网络就会被分为两个连通片。通过上述小规模网络实验，验证了提出的特征值方法可行有效，进一步将该社团划分方法应用到全球集装箱航运网络中。

5.3.2　全球集装箱航运网络的社团划分

　　计算航运网络的无符号拉普拉斯矩阵$|L|$的特征值，按降序排列，特征值的分布如图 5 – 4（a）所示。显然，特征值最大差值位于第 2 个和第 3 个特征值之间，可得 $k = 2$。保留前 2 个特征值对$|L|$进行降维得到 L'，计算港口之间的余弦相似性 $L'_{\mathrm{cosine}}(i, j)$，结果如图 5 – 4（b）所示。图 5 – 4（a）中，浅色区块反映了余弦相似性值高的港口，深色区块反映了余弦相似性值低的港口，意味着全球集装箱航运网络被划分为两个港口社团，较大的港口社团包含 581 个港口，较小的港口社团包含 170 个港口。

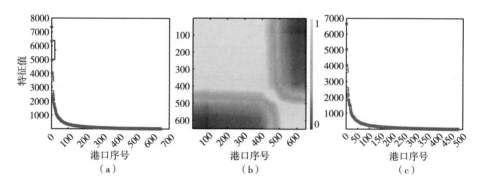

图 5 – 4　全球航运网络特征值分解结果

　　从图 5 – 4（a）中还可以观察到，$|L|$的特征值除位于第 2 个和第 3 个特征值的最大差值之外，还有 2 个较为接近的差值。这种特征值差值的阶梯式分布意味着全球航运网络的社团结构具有层次性，因而再次使用特征值分解聚类算法对较大的港口社团进一步划分，得到分别包含 438 个港口和 43 个港口的两个社团。图 5 – 4（c）是较大港口社团的$|L|$特征值，可以看到最大特征值落差位于第 1 个和第 2 个特征值之间，说明该社团不能再进一步划分。将执行两次特征值分解算法得到的 3 个港口社团绘制为示意图，如图 5 – 5 所示。

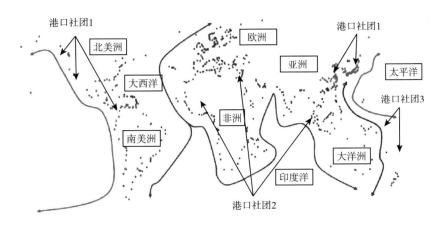

图 5 - 5 基于特征值分解算法的港口社团划分

运行特征值分解聚类算法后，全球集装箱航运网络被划分为 3 个港口社团。港口社团 1 中的 170 个港口主要分布在东北亚、美洲西岸、中美洲和非洲西岸。经统计，亚洲和美洲港口数量占社团 1 港口数量的 93%，这意味着社团 1 中的港口连通密切，货物经由太平洋便捷互达。从港口访问频率排名来看，排名前 5% 的港口是上海港、宁波舟山港、釜山港、青岛港、曼萨尼约港、高雄港、卡塔赫纳港和厦门港。港口社团 2 规模最大，由 438 个分布于印度洋和大西洋沿岸的港口组成，新加坡港、巴生港、塞得港、鹿特丹港、丹戎帕拉帕斯港、汉堡港、阿尔赫西拉斯港、安特惠普港、迪拜港、勒阿弗尔港、不来梅港、马耳他港、科伦坡港、巴伦西亚港、圣托斯港、金斯敦港、热那亚港、坦吉尔港和纽约港在该社团中访问频率排名位于前 5%。港口社团 3 规模最小，仅有沿西太平洋的南北方向往来较为密切的 43 个港口构成。

本书研究中港口社团的划分结果，明显和本书参考文献［118］、［119］中的结果不同。上述两项研究均使用类吉尔文 - 纽曼（G - N）算法，即基于边介数逐步移除边的分裂算法。相比之下，特征值分解算法无论是在计算效率上还是社团划分结果合理性上都体现出了优越性。首先，

类吉尔文 – 纽曼（G – N）算法需要在每次移除介数值最高的边后重新计算所有边的介数，时间复杂度可达 $O(m^2n)$，远高于特征值和特征向量的计算复杂度 $O(n^3)$，而且借助 Matlab 等数学软件可以快速计算出矩阵的特征值和特征向量。本书研究在配置环境为 Intel（R）Core（TM）i7 – 6700、CPU 3.40GHz、16GB RAM 的计算机上执行特征值分解算法仅用了 4.812 秒。其次，类 G – N 算法得到的港口社团围绕大洲形成，本书研究得到的港口社团则是围绕大洋形成，更符合现实，因为社团检测的实质是对航运网络中连接紧密的港口进行聚类，而围绕大洋形成港口社团，意味着社团内的港口经由大洋直达，由于更少的转运而使港口社团内部连通性更强。

5.3.3　港口社团划分的政策启示

5.3.3.1　对港口管理者的政策启示

从图 5 – 5 中可以观察到，三个港口社团倾向于聚集具有不同的国别、地理位置及规模的港口，从而形成具有相同服务功能的港口社团。例如，港口社团 1 中港口主要服务于跨太平洋贸易航线，港口社团 2 中港口主要服务于亚欧航线和跨大西洋贸易航线，港口社团 3 中港口集中于西太平洋的南北航线，尤其是亚洲内贸易航线。根据社团检测的原理，港口社团内部连通性较强，因此，使用第 3 章中式（3 – 8）分别计算出全球航运网络和三个港口社团构成的子网络的网络效率，发现全球航运网络的效率为 0.3233，三个港口社团构成的子网络的网络效率为0.3902、0.3246、0.4669，均高于全球航运网络效率。网络效率越高，意味着在任意两个港口之间找到一条最短路径的可能性越大，航运网络运输货物的速度潜力也就越大，连通性越强。上述结果表明，三个港口社团内部的连通性优于全球航运网络的连通性，该结果也从侧面验证了本书提出的特征值分解算法的正确性。对于港口管理者来说,与同一个港口社团内部的其他港口形成合作关系,有助于增强自身的连通性,从而提高在航运网络中的竞争性。

借助度分布和鲁棒性两个网络特征指标,对三个港口社团构成的子网络的连通性进行分析,结果如图 5-6 所示。

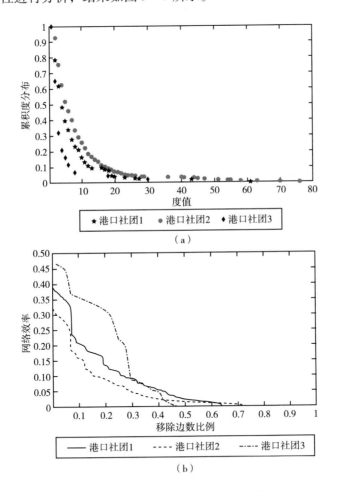

图 5-6 三个港口社团的连通性比较

从图 5-6(a)中可以看出,尽管三个港口社团的规模各不相同,但与全球航运网络类似,三个子网络内港口的累积度分布均呈现出长尾特征，即大部分港口度值较小，只有少数港口度值较大。上述结果意味着每个子网络内部存在少数重要港口，在子网络的连通中起到关键作用，该结果对航运企业的航线设计也具有启发意义。

图 5 - 6（b）是按照港口介数值从高到低进行连边移除的网络效率仿真结果，可以看出，移除介数值高的关键航段时，三个子网络的网络效率均快速下降，当移除边数比例分别为 64%、73% 和 48% 时，三个子网络由于内部包含大量孤立港口，网络效率均趋近于 0。不同的是，当关键航段被移除时，港口社团规模越大，网络效率的下降相对来说越缓和。例如，港口社团 2 的规模最大（包含 438 个港口），在图 5 - 6（b）中，港口社团 2 的仿真曲线对应为虚线，其下降最为平缓，且趋于零，所需移除的边数比例最大。这是由于更大规模的网络，其内部存在较多同质性港口的概率也更大，当关键航段被移除时，存在更多可替代航段，从而更好地保障整个网络的连通。对于港口管理者来说，意味着当置身于周围有运营能力相当的港口的环境中时，尽管面临更大的竞争压力，但是当遭遇航运环境变化引起部分港口或航线失效时，在整个航运网络中依然维持与其他港口的连通的能力也越强，与这些港口进行合作的好处大于竞争。

5.3.3.2　对航运企业的政策启示

从港口社团划分的结果中还发现，港口之间互访频率排名靠前的港口分属在不同的社团中。例如，上海港和宁波舟山港属于港口社团 1，新加坡港和巴生港属于港口社团 2，香港港和深圳港属于港口社团 3。为了进一步分析港口社团的连通性，借助 k - 核分解技术，抽取出三个港口社团中访问频率值位于前 5% 的港口，构成三个港口社团的核，使用 Gephi-0.9.2 软件可视化结果如图 5 - 7 所示。

在图 5 - 7 中，圆点代表港口，圆点大小代表港口的度值高低，连线代表港口之间的航段，连线粗细代表互访频率的高低。观察该图可以发现，每个港口社团内存在一些枢纽港，这些枢纽港度值高、互访频率高，并且大部分在地理位置上十分接近。该结果意味着货物易于在这些枢纽港之间流通，反映了船舶往往在区位接近的港口上接连挂靠的现实情况，同时，也意味着一片航运区域内不可能只存在一个枢纽港。对于航运企业来说，大部分经营者为了追求规模经济效应，往往将航线网络设计为轴—辐式结构，上述相同航运区域内必将存在的若干个枢纽港的结果，可以为航运企业解决航线设计中的枢纽港选址问题，提供重要的现实依据。

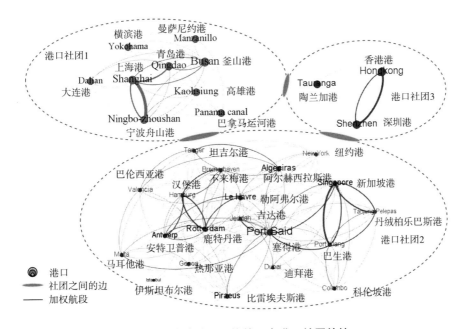

图 5-7　全球航运网络的三个港口社团的核

图 5-7 中未具体标识出的三个港口社团之间的边，起到了连接美洲大陆、亚欧大陆和东南亚及澳洲的关键作用。连接三个港口社团之间的边的数量分别为港口社团 1 和港口社团 2 之间 222 条、港口社团 2 和港口社团 3 之间 141 条、港口社团 1 和港口社团 3 之间 145 条。通过计算发现，这些边上的权重值（即港口之间的互访频率）总体不高，移除这三个边集

合中任意一个，对全球航运网络的网络效率所产生的影响几乎可以忽略不计，但是移除这三个边集合中任意两个，会导致全球航运网络不连通。该结果表明，这些港口社团之间的连接，是影响整个航运网络连通的关键连接，但同时也是制约全球集装箱航运网络连通性提升的因素。上述发现，对航运公司航线网络布局中的枢纽港选址、航线网络优化决策具有启示意义。同时，对这些航段连接所处区域的当地政府来说，增强这些区域的航空和跨国铁路货运能力，对畅通贸易货物的物流通道或有帮助，从而有助于促进这些区域的国际贸易发展。

5.4 小　　结

本章提出一种基于特征值分解的社团检测算法，从社团检测的视角出发，对全球集装箱航运网络的连通性进行分析。首先，通过无符号拉普拉斯矩阵表示集装箱航运网络；其次，对无符号拉普拉斯矩阵进行特征值分解，并利用特征值的最大差值确定要划分的港口社团的数目；最后，通过降维的无符号拉普拉斯矩阵计算港口之间的余弦相似性，对余弦相似性矩阵进行降序排列，依据同一个社团中的港口相似性较强，不同社团之间的港口相似性较弱的准则，将港口余弦相似性值划分为 k 段，余弦相似性值接近的港口属于相同社团，得到 k 个港口社团，并依据港口社团划分结果分析政策启示。

研究结果表明，相比于多数需要借助事先定义目标函数和启发式规则的社团检测算法，特征值分解算法无需预先设定社团的数目和规模，体现出了无须先验知识的优势；相比于经典的 G－N 算法，特征值分解算法在计算效率上，体现出了可推广应用于大规模交通运输网络的显著优势。

从港口社团划分结果来看，全球集装箱航运网络被划分为服务于跨太平洋航线、亚欧及跨大西洋航线、近西太平洋的南北航线沿线的 3 个港口社团。根据社团检测原理，社团内节点连接相对紧密，上述结果基本符合航运业现实，验证了特征值分解算法的有效性。

航线在 3 个港口社团之间连接稀疏，这些航线需要绕过大洋间的大陆，既是连通整个全球集装箱航运网络的关键，也是影响整个航运网络连通性提升的因素。对于港口管理者来说，在发展、投资港口的决策中考虑这些关键连接，对港口的连通性提升和吞吐量提升有积极的意义。而对于当地政府来说，增强这些关键连接所在区域的航空和跨国铁路货运能力，畅通贸易货物的物流通道，有利于促进这些区域的国际贸易发展。检测出的港口社团内航线稠密，港口社团呈现出服务于特定贸易路径的功能，且港口倾向于围绕核心枢纽港形成社团，这为航运企业枢纽港选址、航线网络优化决策提供了理论依据。

第6章

海上丝路航运网络瓶颈识别

6.1 引　言

2013 年 9 月和 10 月，中国国家主席习近平在出访中亚和东南亚国家期间，先后提出共建"丝绸之路经济带"和"21 世纪海上丝绸之路"（以下简称"一带一路"）的重大倡议①。2014 年的国务院政府工作报告中提出建设丝绸之路经济带、21 世纪海上丝绸之路的构想②。2014 年 11 月，中央领导小组第八次会议提出，加快推进丝绸之路经济带和 21 世纪

---

① 中国政府网."一带一路"助力沿线各国经济融合［EB/OL］.（2015 – 10 – 15）［2019 – 05 – 12］. https：//www. gov. cn/xinwen/2015 – 10/15/content_2947622. htm.

② 中国政府网. 2014 年国务院政府工作报告［EB/OL］.（2014 – 3 – 5）［2019 – 05 – 12］. https：//www. gov. cn/guowuyuan/2014 – 03/14/content_ 2638989. htm.

海上丝绸之路建设，对"一带一路"建设进行了顶层设计。2015 年 3 月 28 日，国家发展改革委、外交部、商务部联合制定并发布《推动共建丝绸之路经济带和 21 世纪海上丝绸之路的愿景与行动》，对如何推进实施"一带一路"倡议进行了总体规划，明确指出要抓住交通基础设施的关键通道、关键节点和重点工程，优先打通缺失路段，畅通瓶颈路段，配套完善道路安全防护设施和交通管理设施设备，提升道路通达水平。《物流业发展中长期规划（2014～2020 年）》中指出，按照建设丝绸之路经济带、21 世纪海上丝绸之路、长江经济带等重大发展规划要求，加快推进重点物流区域和联通国际国内的物流通道建设，重点打造面向中亚、南亚、西亚的战略物流枢纽及面向东盟的陆海联运、江海联运节点和重要航空港，建立省际和跨国合作机制，促进物流基础设施互联互通和信息资源共享。

  "一带一路"建设旨在以丝绸之路为契机，构建一个涉及 64% 的世界人口和 30% 的全球 GDP 的国际合作框架，发掘中国与共建"一带一路"国家和地区之间互补互利机会，全面深化与共建"一带一路"国家和地区之间经济贸易、基础设施等方面的合作关系，推进"一带一路"经济的共同繁荣[10]。加快推进互联互通建设是共建"一带一路"国家和地区之间的共识。古代丝绸之路在本质上是一条服务于亚欧之间的商贸和物流大通道，交通和物流的基础保障有利于区域融合，有利于共建"一带一路"。从地理上看，"一带一路"的丝绸之路经济带是从中国始发，途经中亚和西亚抵达欧洲的陆上经济通道；21 世纪海上丝绸之路主要包括以下两条海上经济通道：一是从中国沿海港口过南海到印度洋，延伸至欧洲；二是从中国沿海港口过南海到南太平洋。"一带一路"整体规划路径如图 6 - 1 所示。

  21 世纪海上丝绸之路（以下简称"海上丝路"）的建设重心是增强中国和海上丝路沿线国家之间航运网络的连通性[120]。在扩大物流基础设施投资的背景下，中国主导的一系列项目建设取得重大进展。例如，巴基斯坦瓜达尔港的运营能力逐步提升，缅甸皎漂港的"港口＋园区＋城市"综合一体化开发推进，斯里兰卡科伦坡港口城和汉班托塔港二期工程取得进展[121]。随着上述中国先行的项目建设推进，越来越多海上丝路沿线国家和地区参与到海上丝路的建设中，必将加快形成一个无障碍的海上丝路航运大通道。

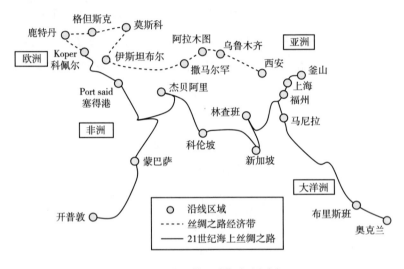

图 6-1 "一带一路"规划路径

资料来源：笔者根据 2015 年国家发展改革委等部门发布的《推动共建丝绸之路经济带和 21 世纪海上丝绸之路的愿景与行动》绘制得到。

已有许多研究证实，提升海上连通性可以降低运输费用[68,79,122~124]。《2017 年海运评述》报告数据显示，国际运输成本大约占货物价值的15%，而对于内陆发达国家和小岛屿发展中国家，这个比例分别是 19%和 22%[8]。较低的运输费用有助于畅通货物运输，促进贸易增长，从而提升区域经济活力和国际竞争力。因此，海上丝路建设的重心之一，就是提升海上连通性，消除海上丝路航运通道的瓶颈，加强国际贸易联系，形成更加紧密的经济共同体。然而，海上丝路航运网络的连通性如何，是否存在阻碍连通性提升的航运瓶颈，目前还缺乏系统的量化研究。为了识别海上丝路航运瓶颈，本章提出一种基于递归谱平分的瓶颈识别算法，并应用于集装箱航运网络中。

6.2　基于递归谱平分的瓶颈识别算法

6.2.1　代数连通性

记航运网络为 $G = (V, E, W)$，V 是港口集合，$n = |V|$，E 是航段集合，$m = |E|$，W 是权重集合，和第 5 章中相同，采用港口之间的互访频率作为航段上的权重。赋权邻接矩阵 A 的元素为：

$$a_{ij} = \begin{cases} w_{ij} & e = (i,j) \in E \\ 0 & 否则 \end{cases} \quad \forall i,j \in V \tag{6-1}$$

其中，令 $w_{ij} = f_{ij} + f_{ji}$，f_{ij} 表示船舶从港口 i 出发访问港口 j 的频率，因而邻接矩阵 A 为对称矩阵。D 是一个 $n \times n$ 维的对角矩阵，对角线上元素为：

$$d_{ii} = \sum_{j \in V} a_{ij}, \forall i \in V \tag{6-2}$$

对角线之外的元素为 0。L 是网络的拉普拉斯矩阵，记为：

$$L = D - A \tag{6-3}$$

对于任意一个实向量 $x \in R^n$，根据拉普拉斯矩阵的定义可知[125]：

$$\begin{aligned} x^T L x &= x^T D x - x^T A x = \sum_{i \in V} x_i^2 d_{ii} - \sum_{i,j \in V} x_i x_j a_{ij} \\ &= 0.5 \left(\sum_{i \in V} x_i^2 d_{ii} - 2 \sum_{i,j \in V} x_i x_j a_{ij} + \sum_{j \in V} x_j^2 d_{jj} \right) \\ &= 0.5 \sum_{i,j \in V} (x_i - x_j)^2 a_{ij} \\ &= 0.5 \sum_{e = (i,j) \in E} (x_i - x_j)^2 w_e \geqslant 0 \end{aligned} \tag{6-4}$$

考虑划分后的港口社团 $S \subset V$，规范割集为[126]：

$$\tau(S) = \left[\frac{1}{d(S)} + \frac{1}{d(V-S)}\right]\sum_{i \in S, j \in V-S} w_{ij} \qquad (6-5)$$

其中，$d(S) = \sum_{i \in S, j \in V} w_{ij}$。割集表示连接社团的所有边的权重之和，割集的最小化意味着进行最优网络划分后，社团之间具有较小的连通密度。规范割集同时考虑连接边数和划分平衡，有助于避免出现分割规模悬殊。

可以证明，规范割集的最小化问题等同于瑞利熵最小化问题[125]：

$$\min_{x \perp 1}\frac{x^T L x}{x^T x} \qquad (6-6)$$

由于 $\lambda_i = \min_{x \perp \varphi_1, \cdots, \varphi_{i-1}}\frac{x^T L x}{x^T x}$，因此可以找到：

$$\lambda_2 = \min_{x \perp \varphi_1}\frac{x^T L x}{x^T x} = \min_{x \perp 1}\frac{x^T L x}{x^T x} \qquad (6-7)$$

其中，$\varphi_1 = \left(\frac{1}{\sqrt{n}}, \cdots, \frac{1}{\sqrt{n}}\right)^{T}$[127]。设有：

$$x_S(i) = \begin{cases} \dfrac{1}{m} & i \in S \\[2mm] \dfrac{1}{m-n} & i \in V-S \end{cases} \qquad (6-8)$$

其中，$m = |S|$。由 $x_S \perp 1$ 可得 $x_S 1 = 0$。根据式（6-4）和式（6-7）得到：

$$\lambda_2 \leqslant \frac{x_S^T N x_S}{x_S^T x_S} = \frac{n}{m(n-m)}\sum_{e \in \partial(S)} w_e \qquad (6-9)$$

由式（6-9）可知，拉普拉斯矩阵的第二小特征值 λ_2 为规范割集提供了下界，即通过 λ_2 可以找到网络中连通性最差的连接的集合。从式（6-9）

还可以看出，如果网络的一个社团和其余社团之间连接权重之和为 0，$\sum_{e \in \partial(S)} w_e = 0$，那么相应地有 $\lambda_2 = 0$，意味着网络不连通；反之，如果网络中的 λ_2 远大于 0，意味着网络中的社团之间具有很强的连通性。也就是说，λ_2 反映了网络的连通程度，称为网络的代数连通性，其相应的特征向量称为网络的费德勒向量[34]。

为了避免港口之间访问频率落差较大对计算结果产生影响，对拉普拉斯矩阵进行归一化处理[125]：

$$N = D^{-0.5} L D^{-0.5} \qquad (6-10)$$

找到归一化的拉普拉斯矩阵的第二小特征值：

$$v_2 = \min_{x \perp d^{0.5}} \frac{x^T N x}{x^T x} \qquad (6-11)$$

可以证明，通过归一化的拉普拉斯矩阵的第二小特征值，可以找到网络中的社团之间连通强度的下界[128]。

6.2.2 递归谱平分算法

拉普拉斯矩阵的第二小特征值 λ_2 对应网络的最小割边集，这个最小割边集对应于港口社团之间连接频率之和最少，也就是整个网络的瓶颈所在。谱平分算法根据 λ_2 对应的特征向量 φ_2 进行网络划分，φ_2 为正数对应的港口划入一个社团，为负数对应的港口划入另一个社团[128]。然而，应用代数连通性的性质，只能将一个航运网络划分为两个港口社团，即找到一个航运瓶颈。航运网络是典型的复杂网络，是在地域、经济、贸易、政治等多重复杂因素影响下形成的，可能包含多个潜在的港口社团。为了识别海上丝路航运网络中可能的所有瓶颈，尤其是与中国港口相关的瓶颈，在航运网络中划分出更多港口社团，以下提出一种递归谱平分算法。

　　递归谱平分算法实施过程中，主要有两个需要考虑的问题。一是每次运行谱平分会将网络划分为两个社团，当要找到更多社团时，需要对已经找到的社团进一步划分，重复进行谱平分，直到满足某个条件停止递归算法。这个条件可以是社团的总数，或者是社团划分的质量。对于大多数网络，网络中包含的社团数量无法事先得知，因此，考虑将社团划分质量作为递归算法停止的条件。在所有评判社团划分质量的指标中，Newman 提出的模块度得到最广泛的应用[29]。根据模块度的定义，Q 值越高，意味着网络划分的质量越高。引入 Q 作为算法停止的依据，即递归运行谱平分，当 Q 取得最大值时，停止算法。关于模块度的计算，本书在第 2 章中已有介绍，此处不再赘述。另外，由于 Q 值和网络规模相关，因此在每个谱平分之后计算全局模块度，而不是只针对新划分的社团。二是每次运行谱平分之后对哪一个社团进一步划分。如果不考虑该问题，那么 1 次谱平分将得到 2 个社团，2 次谱平分将得到 4 个社团，以此类推，k 次谱平分将得到 2^k 个社团，即使用递归谱平分只能找到偶数个社团。本章旨在找到影响海上丝路航运网络连通的瓶颈，也就是说，更多地关注与中国沿海港口相关的瓶颈。因此，考虑设置一个中国港口作为标签港口 P^{flag}，每次进一步划分，只在包含有标签港口的社团上运行。上海港是集装箱吞吐量位居世界第一的港口，是中国建设国际航运中心的基础和保障，在中国具有重要的战略地位，算法中选取上海港作为标签港口。

　　递归谱平分算法简单描述如下：首先，将港口社团的集合 $Community$ 初始化为空集，港口社团数量为零，用 k 表示谱平分递归运行的次数，当 $k=0$ 时，$Q^k=0$。其次，通过谱平分将航运网络划分为两个港口社团，令 $k=k+1$，更新 Q^k。最后，将不包含标签港口的社团划入集合 $Community$，对包含标签港口的社团进一步划分，重复上述步骤，直到 Q^k 值不再增加。提出的递归谱平分算法，在本质上，是一种模块度最大化的自顶向下寻找网络中社团的算法。算法过程如下。

算法 6 - 1	递归谱平分算法
1：	输入：邻接矩阵 A
2：	输出：港口社团
3：	初始化港口社团集合 $Community \leftarrow \varnothing$，港口社团数量 $k = 0$；
4：	计算归一化的拉普拉斯矩阵 N，其对应的第二小特征值 λ_2 以及相关的特征向量 φ_2；
5：	While $Q^{k+1} \geqslant Q^k$
6：	If $\varphi_2 > 0$
7：	将对应的港口划入社团 $Community\ I$；
8：	Else
9：	将对应的港口划入社团 $Community\ J$；
10：	End
11：	If $P^{flag} \in Community\ I$
12：	更新社团集合 $Community \leftarrow Community\ J$，令 $k = k + 1$；
13：	计算社团 $Community\ I$ 的邻接矩阵，更新 A；
14：	计算社团集合 $\{Community \cup Community\ I\}$ 的模块度 Q^{k+1}；
15：	Go to line 4；
16：	Else if $P^{flag} \in Community\ J$
17：	更新社团集合 $Community \leftarrow Community\ I$，令 $k = k + 1$；
18：	计算社团集合 $Community\ J$ 的邻接矩阵，更新 A；
19：	计算社团集合 $\{Community \cup Community\ J\}$ 的模块度 Q^{k+1}；
20：	Go to line 4；
21：	End
22：	End

6.3 瓶颈识别结果与讨论

6.3.1 海上丝路航运网络中的瓶颈

为了识别海上丝路航运网络中的瓶颈，在全球集装箱航运网络上执行基于递归谱平分的瓶颈识别算法。现有研究中对特定区域的航运网络进行分析，通常首先构建一个仅包含落在该区域的港口和航线的局部网络[59,100,129]。然而，对于一条航线来说，可能有部分航段在特定区域内，另一部分航段在特定区域外，构建局部网络所反映的货流情况与实际航运网络存在差异。因此，决定在全球集装箱航运网络上运行递归谱平分算法，进而分析海上丝路包含的航运瓶颈。

基于递归谱平分的瓶颈识别算法的运算结果显示，模块度值 Q 为 0.4554 时算法终止，海上丝路航运网络被划分为 4 个港口社团，如图 6－2 所示。

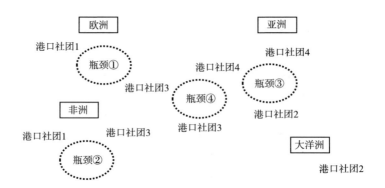

图 6－2　递归谱平分算法识别出的航运瓶颈

图 6－2 中，每个港口社团是基于其内部所有港口的经纬度绘制并抽象得到。不同的港口社团之间由频率之和最少的航线连接，即最小割边集，代表了航运网络中的瓶颈，存在于港口社团的交界处。从图 6－2 中可以看出，海上丝路航运网络存在 4 个瓶颈，根据经纬度判断可得 4 个瓶颈位于苏伊士运河、好望角、大洋洲北部和南海区域。

第一个航运瓶颈位于苏伊士运河。苏伊士运河是连接地中海和红海的人工运河，避免亚欧贸易货物经印度洋南部和大西洋南部绕行，大大缩短了航程。作为亚欧贸易货物交换的关键通道，根据统计，约20%的世界航运货物、80% 的亚欧航运货物必经苏伊士运河[130]。2016 年，中国和欧盟双边贸易额达到 6350 亿美元，欧盟是中国最大的贸易伙伴和出口市场，中国则是欧盟第二大贸易伙伴[131]。从社团检测的角度来说，瓶颈意味着两侧的航线连接稠密，瓶颈中间的航线连接稀疏。因此，中国在主导推进海上丝路建设的过程中，应更多关注苏伊士运河沿线港口或航线的合作与开发。

第二个航运瓶颈出现在好望角。历史上，好望角是亚欧航线的必经之地。苏伊士运河建成后，只剩下无法通过苏伊士运河的运载亚欧货物的船舶从好望角绕行。好望角航运瓶颈意味着中国和非洲中部、西部的海上连通较弱，增强这个区域的海上连通性有利于提升整个海上丝路的航运连通性。

第三个航运瓶颈将大洋洲与海上丝路其他区域隔开。南太平洋是东北亚和大洋洲间货运的重要通道，也是中国与澳洲的重要贸易通道。同理，增强该航运瓶颈的连通性将有利于提升整个海上丝路的航运连通性。

第四个航运瓶颈位于连接太平洋和印度洋的南海。世界贸易中，有 1/3 的海上货物经过南海，可见南海占据重要的地理战略区位[132]。对中国来说，南海不仅是连接中国和欧洲的重要通道，更是从沙特阿拉伯、也门、北非进口原油的关键要塞[130]。

6.3.2 航运网络瓶颈上的航段

接下来对 4 个航运瓶颈上的航段进行分析。如图 6 - 3 所示，执行递归谱平分算法中，第一次将欧洲西部和非洲西部的港口从航运网络中析出，第二次分离出大洋洲港口，第三次也就是最后一次划分得到东北亚、东南亚、中亚、西亚和非洲东部港口。执行三次递归谱平分算法所得对应航运瓶颈包含的全部航段详见附表 1 - 3。

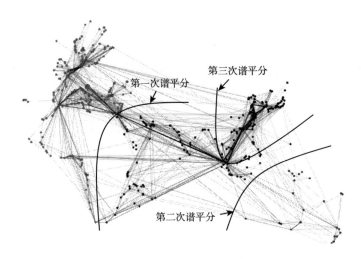

图 6 - 3　航运瓶颈上的航线连接

实验数据结果显示，第一次谱平分对应的航运瓶颈中包含 72 条航段。为了保持一定的客户吸引力，班轮公司通常提供每周发班的货运服务。这里由于篇幅有限，将这些航段按频率权重降序排列，表 6 - 1 中仅给出每周至少有一条航线经过的瓶颈上的航段，即表中航段频率均大于 24（收集的船期时间范围为 12 周内），完整的航段结果详见附表 1。

表 6 - 1　　　　　　　执行第一次谱平分对应的航运瓶颈包含航段

源港口	目的港	频次	源港口	目的港	频次
塞得港	新加坡港	394	塞得港	阿普杜拉王国	57
塞得港	巴生港	367	伦敦港	伊丽莎白港	48
塞得港	吉达港	339	塞得港	豪尔费坝港	36
开普敦港	巴生港	111	洛美港	巴生港	30
亚喀巴港	吉达港	94	比雷埃夫斯港	新加坡港	30
塞得港	科伦坡港	86	塞得港	吉布提港	29
开普敦港	伊丽莎白港	80	阿帕帕港	巴生港	28
开普敦港	德班港	68	塞得港	蒙德拉港	26
塞得港	科钦港	66	黑角点	科伦坡港	25
塞得港	塞拉莱港	65	沃尔维斯湾	德班港	25

资料来源：笔者根据实验结果整理得到。

　　第二次谱平分对应于图6-3中右下角的虚线，涉及65个航段（见表6-2）。该次谱平分将大洋洲港口分离出来，比较特殊的是丹绒柏乐巴斯港。出现这样的结果的原因是，规范割集同时考虑连接边数和划分平衡（避免出现分割规模悬殊），因而位于马来西亚的丹绒柏乐巴斯港本应划入东南亚港口所在的社团，却因为拥有较高的访问频率被划入大洋洲港口所在社团。尽管如此，第二次谱平分得到的两个港口社团的规模存在较大差异，即大洋洲港口社团包含26个港口，亚洲港口社团包含215个港口。该结果表明本章提出的算法可以克服传统社团检测算法存在的无法识别出较小社团的缺点。

表6-2　　　　　　执行第二次谱平分对应的航运瓶颈包含航段

源港口	目的港	频次	源港口	目的港	频次
丹绒柏乐巴斯港	新加坡港	669	丹绒柏乐巴斯港	北干巴鲁港	50
丹绒柏乐巴斯港	巴生港	392	丹绒柏乐巴斯港	加莱角港	50
丹绒柏乐巴斯港	深圳港	207	布里斯班港	新加坡港	45
丹绒柏乐巴斯港	广州港	102	布里斯班港	高雄港	39
丹绒柏乐巴斯港	胡志明港	81	丹绒柏乐巴斯港	香港港	34
丹绒柏乐巴斯港	高雄港	77	丹绒柏乐巴斯港	厦门港	31
阿德莱德港	新加坡港	74	布里斯班港	宁波舟山港	30
丹绒柏乐巴斯港	科伦坡港	73	布里斯班港	巴生港	28
丹绒柏乐巴斯港	路易港	59	悉尼港	香港港	25
丹绒柏乐巴斯港	雅加达港	58	托雷斯海峡	新加坡港	25
丹绒柏乐巴斯港	伊丽莎白港	58	丹绒柏乐巴斯港	槟城港	24
丹绒柏乐巴斯港	林查班港	56	丹绒柏乐巴斯港	青岛港	24

资料来源：笔者根据实验结果整理得到。

　　第三次谱平分移除了92条航段。接下来着重分析海上丝路航段中的中国港口。2017年集装箱吞吐量位于世界前十的深圳港、香港港、宁波舟山港、广州港、上海港、厦门港、天津港均在表6-3中出现[133]。由于经济全球化带来进出口需求扩大，这些港口的集装箱吞吐量持续快速增长。表6-3中与中国港口相连的港口，大部分是东盟港口，例如新加坡港和巴生港。2017年中国是东盟的最大贸易伙伴，东盟是中国的第三大贸易伙伴。增强这部分航段连接的两侧港口的连通性，有助于增强海上丝路沿线国家之间的海上连通性。

表6-3 　　　　　　　　执行第三次谱平分对应的航运瓶颈包含航段

源港口	目的港	频次	源港口	目的港	频次
新加坡港	深圳港	579	新加坡港	海防港	52
新加坡港	香港港	314	新加坡港	宿务岛港	46
巴生港	深圳港	305	新加坡港	釜山港	40
巴生港	头顿港	211	新加坡港	高雄港	36
新加坡港	林查班港	186	新加坡港	厦门港	35
新加坡港	宁波舟山港	107	豪尔费坝港	深圳港	34
新加坡港	广州港	83	新加坡港	曼谷港	34
新加坡港	头顿港	78	巴生港	胡志明港	30
新加坡港	胡志明港	73	新加坡港	马尼拉港	29
新加坡港	上海港	70	科伦坡港	深圳港	27
巴生港	林查班港	65	新加坡港	天津港	24
巴生港	厦门港	65			

资料来源：笔者根据实验结果整理得到。

6.3.3　算法效率和精度分析

基于递归谱平分的瓶颈识别算法的算法复杂度为 $O(kn^3)$，其中 n 是网络中节点的数量，k 是执行谱平分的次数。记录每次执行谱评分计算对应的社团模块度 Q 值和代数连通性，结果如图6-4所示。

在图6-4（a）中，当算法执行第3次谱平分时，$k=3$，航运网络对

应的社团模块度 Q 值达到最大,$Q = 0.4554$。随着谱平分次数的增加,代数连通性 λ_2 的值随之增加,这反映了随着连接港口社团之间较为稀疏的航线不断被移除,剩下的航运网络内的港口节点之间航线较为稠密,谱平分之后的航运网络的连通性不断增强〔见图 6-4(b)〕。

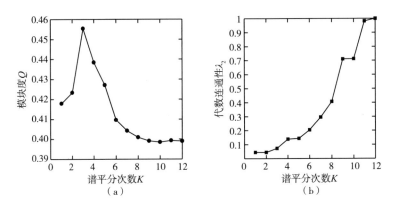

图 6-4 模块度 Q 与代数连通性 λ_2 值

基于递归谱平分的瓶颈识别算法通过 MATLAB R2016b 软件实现,环境配置为 Dell Optiplex 7450 台式机、i5-6600 CPU、8GB RAM,计算总时间是 0.6129 秒,几乎可以忽略不计。

相比之下,经典的吉尔文-纽曼(G-N)算法,需要首先计算网络中所有边的介数,即网络中任意两个节点经过这条边的最短路径数目,接着移除网络中介数最高的边,然后重新计算现有网络中所有边的介数,重复上述步骤直到网络中不存在边。在每一次移除边后都需要重新计算网络中余下所有边的介数,因而计算复杂度高达 $O(m^2 n)$,其中 m 表示网络中边的数量。在相同环境配置和数据输入下,使用 G-N 算法输出结果的时间为 183 秒,是本章研究提出算法所需计算时间的 300 倍左右。

上述计算时间的比对结果表明,递归谱平分算法能在短时间内进行社团划分,在计算效率上大大优于 G-N 算法,非常适用于大规模网络的瓶颈识别问题。不仅可以应用于分析航运网络，在分析交通运输其他领域的网络，如分析具有大量节点的公路网、铁路网、地铁网等拓扑结构也具有很大的应用前景。此外，通常计算 n 维拉普拉斯矩阵的第二小特征值时间为 $O(n^3)$，对于稀疏网络可以采用 LANCZOS 算法计算，能进一步将时间缩短至 $O[m/(\lambda_3 - \lambda_2)]$，$\lambda_2$ 和 λ_3 分别是第二、第三小特征值[134]。

从计算精度来看，第 2 章中已有提及的 G - N 算法的主要缺点是，强连通节点对和弱连通节点会因为较大的相似性被划入各自类别，从而导致网络划分的精确度存在一定不足。应用 G - N 算法在本案例数据中，该缺点在图 6 - 5（a）中反映为输出的港口社团规模很不均衡的特点，在图 6 - 5（b）中反映为部分港口社团形成的动因较难在现实中得以解释。相较之下，本章研究提出的基于递归谱平分的瓶颈识别算法结果中，每个港口社团均围绕相同的大洋聚集（见图 6 - 2），这与货物经由大洋直达连接、流通便捷的现实情况一致，也较符合社团内部连通性较强、社团之间连通性较差的要求。

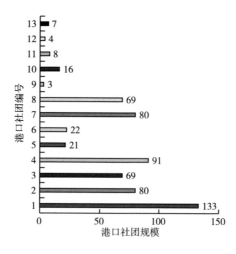

图 6 - 5　与 G - N 算法的结果比较

6.4 小　结

"一带一路"倡议的重要建设内容是深化沿线国家和地区之间的经济合作及全面提升国家之间的互联互通水平。增强中国和海上丝路沿线国家之间航运网络连通性，是国家提出"21世纪海上丝绸之路"倡议的重要目标。然而，海上丝路航运网络的连通程度如何，是否存在阻碍连通性提升的航运瓶颈，缺乏系统的量化研究。为了找出海上丝路航运瓶颈，本章提出一种基于递归谱平分的瓶颈识别算法。

基于递归谱评分的瓶颈识别算法本质上是一种递归二分法，算法每次根据拉普拉斯矩阵的第二小特征值，将一个网络分割成两个近似平衡的子网络，并引入纽曼提出的社团划分评判质量指标，即模块度 Q 值，作为递归二分递归终止的条件。港口社团内部的航线连接稠密，具有较强的连通性，而不同港口社团之间航线连接稀疏，即最小割边集，代表了航运网络中的瓶颈，存在于港口社团的交界处。

研究将提出的基于递归谱平分的瓶颈识别算法应用于收集的船期数据集所构建的海上丝路航运网络，找出了4个明显的港口社团交界处，得出海上丝路的航运瓶颈位于苏伊士运河、好望角、大洋洲北部和南海区域的结果。这些航运瓶颈无一例外，均处于海上丝路沿线贸易的关键物流通道上，意味着增强这些区域的海上连通性，将有利于大幅提升整个海上丝路航运网络的连通性。该结果表明提出的方法具有所需数据少、快速准确的特点，也为海上丝路在哪些区域进行政策倾斜、资源分配或优先建设，从而增强中国和海上丝路沿线国家和地区之间航运连通性提供了理论依据。

第 7 章

考虑连通性的集装箱航运网络优化

7.1 引　言

　　结构合理、科学的航运网络，有助于降低航运成本，提高货物和服务往来的质量，保障国际贸易货物的顺畅流通，促进经济区域之间的贸易往来。然而，航运网络是在航运业相关利益主体的共同作用下形成的，具有多目标、复杂性的特征。

　　建设航运网络的航运业相关利益主体主要包括世界各国政府、航运企业和港口管理者等利益主体。从现有研究来看，政府主导的航运网络优化，主要立足于宏观规划，通过投入航运资源，消除航运瓶颈，使整个航运网络趋于完善。例如，中国早在秦朝就开辟了古代海上丝绸之路，与海外诸国进行经济和文化交流，在当今国际投资贸易格局深刻调整及世界经济复苏缓慢的现实背景下，中国又提出了建设"21世纪海上丝绸之路"倡议，以海上互联互通为重点，优先发展港口等海上交通设施的建设，全面提升海上丝路沿线国家和地区之间的海上通道功能[80]。

航运连通性从政府主导建设航运网络的角度，从狭义上可以理解为航运基础设施和服务的可获得性。这种可获得性，有助于加强各国之间贸易与货物的互联互通，但是，需要政府在海上基础设施中加大资金投入。例如，为了落实"21世纪海上丝绸之路"倡议，仅2016年6月至2017年6月，中国对9个海外港口的投资就达201亿美元①。联合国亚洲及太平洋经济社会委员会（Economic and Social Commission for Asia and the Pacific, ESCAP）长期致力于促进亚太地区互联互通和经济一体化，通过打造公路、铁路、航空、水路、管道互联互通的泛亚交通运输网络，实现亚太地区的无缝连通[81]。欧盟委员会及欧盟成员国长期重视内河航运业，为促进欧盟国家之间航运联通，制定了大量发展引导、白皮书和发展计划，使内河航运在欧盟国家货物流通中发挥了举足轻重的作用[82]。

与政府主导的航运网络优化相比，航运企业主导的航运网络的优化则立足于微观层面，更加强调公司内部航运网络相关资源的最优配置，主要目标是通过调整航线对航运网络布局进行优化，并实现特定的效益目标，例如利润最大化、成本节约等经济效益，或是低碳、绿色等社会效益，这方面的研究十分成熟，在第2章文献综述中已有论述[84,90,99]。

相比之下，港口无论是在政府规划还是航运公司选址方面，都是处于相对被动的角色，因此由港口管理者主导的航运网络优化方面的研究较为缺乏，现有研究还停留在单纯地港口服务水平评价上，并应用于为港口提升货物吸引力、增强港口在区域和国家中的竞争力等发展策略提供

---

① 中国一带一路网. 海外港口背后的中国资本：一年投资超200亿美元 [EB/OL]. (2017 – 10 – 4) [2019 – 05 – 12]. https：//www. yidaiyilu. gov. cn/p/29706. html.

参考[76,100,101]。

综上所述，现有航运网络优化研究，集中在航运利益主体各自最大化利用内部资源，尚未考虑多个利益主体协同优化航运网络。连通性是维持网络中节点相连的能力，是刻画网络结构特征的基本指标，也是不同航运利益主体优化航运网络的共同目标。为此，本章研究提出一种新的基于网络连通性的航运优化思路，将拉普拉斯矩阵的第二小特征值作为评价网络连通性的指标，构建考虑网络连通性最大化的网络优化模型，设计基于费德勒向量差值最大化的求解算法，通过应用于实际航运网络中，验证了模型和算法的可行性与有效性。研究结果可以为航运相关利益主体，特别是中国政府部门，在建设"一带一路"过程中，增强港航领域的物流和基础设施投资、促进各国间的航运互联互通过程中，应在哪些区域进行政策倾斜、优先建设、深化合作提供参考。

7.2　考虑连通性的航运网络优化建模及算法设计

7.2.1　优化模型

通过第 6 章的基于递归谱平分的瓶颈识别算法，可以找到影响航运网络连通的瓶颈，即网络的规范割集。本章继续使用拉普拉斯矩阵 L 的第二小特征值 λ_2 [见式（6-9）]，作为判断网络连通性程度的指标。考虑向现有航运网络增加航线连接，通过增加 λ_2 值提升网络的连通性，从而优化现有航运网络，有效性证明如下。

定理 1　给定网络 $G=(V, E, W)$ 是一个无向加权图，V 是顶点集合，E 是边集合，W 是权重集合。其增广网络 $G'=(V, E', W)$ 可以通过在 G 的边集合 E 中增加一条新的权值为 1 的边得到，并且有 $\lambda_2(G') > \lambda_2(G)$。

证明 1 设 $G' = G + G^\Delta$，即增广网络 G' 由 G 增加 G^Δ 得到。增广网络 G'、新增网络 G^Δ 和原网络 G 具有相同的顶点集，而 G' 中的边集合为 G^Δ 与 G 的边集合之和。由式（6-3）可知：

$$N' = N + N^\Delta \tag{7-1}$$

其中，N'、N 和 N^Δ 分别是增广网络、原网络和新增网络的拉普拉斯矩阵。根据式（6-7）可得：

$$
\begin{aligned}
\lambda_2(N') &= \min_{x \perp 1} \frac{x^T N' x}{x^T x} \\
&= \min_{x \perp 1} \left\{ \frac{x^T N x}{x^T x} + \frac{x^T N^\Delta x}{x^T x} \right\} \\
&\geqslant \min_{x \perp 1} \left\{ \frac{x^T N x}{x^T x} \right\} + \min_{x \perp 1} \left\{ \frac{x^T N^\Delta x}{x^T x} \right\} \\
&= \lambda_2(N) + \lambda_2(N^\Delta)
\end{aligned}
\tag{7-2}
$$

其中，x 是对应于第二小特征值的特征向量，正交于向量 1，一般称为费德勒向量。由于 $\lambda_2(N^\Delta) \geqslant 0$，因此有：

$$\lambda_2(N') \geqslant \lambda_2(N) \tag{7-3}$$

定理证毕。

记航运网络优化决策变量为添加的边 $\Delta e = \{(i, j)\}$，$\forall i, j \in V$；当边 (i, j) 被选中时，其权重值 $w_e = 1$，否则为 0。考虑向现有网络 $G = (V, E, W)$ 中添加 K 条边，则航运网络优化模型为：

$$
\begin{aligned}
&\text{Max } \lambda_2(G + \Delta e) \\
&\text{s. t. } |\Delta e| = K \\
&\quad\quad w_e \in \{0, 1\}
\end{aligned}
\tag{7-4}
$$

上述模型中，将航运网络优化问题看作网络代数连通性优化问题，将向现有网络中添加的边 Δe 作为决策变量，添加的边数为 K。

在航运实际中，航运网络连通性的提升依赖于开通航线的资源投入，例如增加挂靠的港口，在新开通的航线上投入船舶，对新增的航线进行运营管理等。因此，考虑将港口之间开通航线的成本最小化目标加入现有优化模型（7-4）中。一般说来，港口之间是否开通新航线主要取决于港口所在区域间的货量需求，需求越大，港口之间开通新航线越可能盈利，对应的航线开通成本也就越低。同时，还受到港口自身地理区位的影响，距离越远的港口之间开通新航线的成本越大。因此，借用引力模型的思想定义港口之间开通航线的成本。引力模型最早由牛顿提出，现在广泛应用于经济、贸易和地理等领域[135]。在交通运输领域，引力模型常用于货物流的预测。

记港口吞吐量为 T_i，$\forall i \in V$，港口 i 和港口 j 之间的航线距离为 D_{ij}，$\forall i, j \in V$，将港口 i 和港口 j 之间航线开通成本定义为：

$$\mu_{e=(i,j)} = \beta \frac{d_{ij}}{T_i T_j}, \forall i,j \in V \qquad (7-5)$$

其中，β 是成本调节系数。可得，开通 K 条航线的成本为：

$$\mu = \sum_{\Delta e} \mu_{\Delta e} \qquad (7-6)$$

因此，在原航运网络优化模型（7-4）的基础上，增加一个航线开通成本最小化的目标，新的目标函数为：

$$\max l = \alpha \lambda_2 (G + \Delta e) - (1-\alpha)\mu \qquad (7-7)$$

其中，$\alpha \in [0, 1]$ 为均衡系数，平衡航运网络优化的两个目标。当 α 取值为 0 时，表示航运网络连通性优化问题仅考虑航线开通成本，航运企业或港口管理者等利益相关者更加注重经济效益；当 α 取值为 1 时，表示航运网络连通性优化问题仅考虑网络连通性，利益相关者更加注重航运网络的建设和可持续发展；当 α 取值为 0.5 时，表示网络连通性和航线开通成本这两个目标对利益相关者来说具有同等的重要性。

7.2.2　求解算法

对模型求解的复杂性进行分析如下。当 $K = 1$ 时，对于一个包含 n 个节点和 m 条边的网络来说，可行解的数量是 $C_n^2 - m$ ，即 $|\Delta e|$ 的上界为 $\frac{1}{2} n(n - 1) - m$，算法复杂度为 $O(n^2)$，属于 NP - hard 问题。当 K 值增加，模型求解复杂度将呈指数级增长。为了简化模型求解的复杂性，以下探索一种缩小可行解范围的求解策略。

设网络 G 的关联矩阵 B 为 $n \times m$ 矩阵，$B = [b_1, b_2, \cdots, b_m]$，将网络的拉普拉斯矩阵 N 表示为：

$$N = \sum_{e=1}^{m} b_e b_e^T = B B^T \qquad (7-8)$$

其中，e 为连接节点 i 和节点 j 的边，b_e 的第 i 个元素值为 1，第 j 个元素值为 -1，其他元素值为 0。设增广网络 G' 的拉普拉斯矩阵为 L'，则有：

$$N' = N + \sum_{e=1}^{m} \Delta w_e b_e b_e^T \qquad (7-9)$$

其中，$\Delta w_e \geq 0$ 是在边 e 上增加的权重。

根据式（6-7），$\lambda_2 = \min\limits_{x \perp 1} \dfrac{x^T N x}{x^T x}$，对于标准化的拉普拉斯矩阵 $f = \dfrac{x}{\|x\|}$，且 $f^T f = \|f\|^2 = 1$，可得 $\lambda_2 = \min\limits_{x \perp 1} f^T N f$。

设 $\lambda_2(N)$ 和 $\lambda_2(N')$ 对应的特征向量分别为 f 和 f'，那么对 $\lambda_2(N')$ 关于 Δw_e 进行求导可得：

$$\frac{\partial \lambda_2(N')}{\partial \Delta w_e} = \frac{\partial f^T N' f}{\partial \Delta w_e} = f^T \frac{\partial N'}{\partial \Delta w_e} f \qquad (7-10)$$

对式（7-9）关于 Δw_e 进行求导可得：

$$\frac{\partial N'}{\partial \Delta w_e} = \sum_{e=1}^{m} b_e b_e^T \qquad (7-11)$$

将式（7-11）代入式（7-7）可得：

$$\frac{\partial \lambda_2(N')}{\partial \Delta w_e} = f^T \sum_{e=1}^{m} b_e b_e^T f = f^T N f \qquad (7-12)$$

式（7-12）进一步由瑞利熵表示为[128]：

$$\frac{\partial \lambda_2(N')}{\partial \Delta w_e} = (f(v_i) - f(v_j))^2 \qquad (7-13)$$

显然有 $(f(v_i) - f(v_j))^2 \geqslant 0$。上述推导结果表明，向现有网络中添加一条对应于节点 i 和节点 j 的边，当节点 i 和节点 j 的费德勒向量值差异最大时，增广后的网络代数连通性 $\lambda_2(N')$ 值增加最多。可见，基于费德勒向量差值大的节点优先连接的策略，适用于求解航运网络连通性优化模型，该求解策略将大大缩小可行解范围，提高计算效率。构造基于费德勒向量差值最大化的寻优算法，具体描述见算法7-1。

算法7-1　基于费德勒向量差值的寻优算法

1：	输入：邻接矩阵 A，可行边的集合 I，均衡系数 α，添加边数 K
2：	输出：代数连通性 λ_2，航线开通可能性 μ，最优边的集合 OPT
3：	初始化最优边集合 $OPT \leftarrow \varnothing$，计算 N、λ_2、φ_2，计算 μ，集合 I 中元素按照费德勒向量差值降序排列；
4：	**While** $K > 0$
5：	$\quad G = G_k$
6：	$\quad$ **For** $e = (i,j) \in I$
7：	$\quad\quad l = \alpha \lambda_2(G + \Delta e) + (1 - \alpha)\mu$
8：	$\quad$ **end**
9：	$\quad$ 添加使得 l 值增加最多的边到 OPT 中
10：	$\quad K = K - 1$
11：	**End**

7.3 结果与讨论

考虑在现有航运网络中开通单条和多条直达航线两种情况，运用构建的航运网络优化模型，找到航运网络最优化的方案。

7.3.1 单条边寻优结果

航运网络优化模型有关参数设置如下。均衡系数设为 $\alpha = \{0, 0.5, 1\}$，$K = 1$，可行解集合为现有网络中尚未连接的边。本章研究构建的集装箱航运网络中包含 651 个港口，由于数据库数据不全、港口官网语言障碍等原因，仅获得 461 个港口的吞吐量数据，因而，$|I| = \dfrac{n(n-1)}{2} - m = 52216$。为消除两个目标函数的数量级差异，对航线开通成本进行归一化处理，将航线开通成本除以其最大值，将连通性除以节点数量。使用 Matlab 2016a 软件编写程序，运用基于费德勒向量差值的寻优算法，搜索全局最优解，结果如表 7 - 1 所示。

表 7 - 1 　　　　　　　　　单条边寻优结果

α 取值	最优解	港口名称	所在国家	所在区域	$\Delta\lambda_2 \times 10^{-2}/$ %	$\Delta\mu/\text{‰}$
0	Shanghai ↕ Rotterdam	上海港	中国	东亚	9.25	0.00
		鹿特丹港	荷兰	欧洲		
0.5	Shanghai ↕ Istanbul	上海港	中国	东亚	10.93	0.45
		伊斯坦布尔港	土耳其	西亚		

α 取值	最优解	港口名称	所在国家	所在区域	$\Delta\lambda_2 \times 10^{-2}/$ %	$\Delta\mu/\text{‰}$
1	Ningbo – Zhoushan ↕ Larvik	宁波舟山港	中国	东亚	17.11	20.32
		拉尔维克港	挪威	北欧		

从表 7-1 中观察到，当 $\alpha = 0$ 时，优化目标仅考虑航线开通成本，最优解是开通上海港和鹿特丹港之间的直达航线。这两个港口都具备优越的地理位置和广袤的经济腹地，分别是亚洲和欧洲区域的枢纽港，又分别在"21 世纪海上丝绸之路"规划中处于起点和终点。特别是鹿特丹港，不仅是新亚欧大陆桥经济走廊的欧洲终端，更是陆上丝路和海上丝路的交汇点。目前，上海港与鹿特丹港已经有稳定的班轮航线，该结果为上海港积极响应"一带一路"建设，进一步增强有助于两港互动的物流和基础设施投资，全面深化合作提供了理论支撑。当 $\alpha = 0.5$ 时，优化目标同时考虑航运网络连通性和航线开通成本，最优解是开通上海港和伊斯坦布尔港之间的直达航线。上海港的集装箱吞吐量位于世界第一，相比之下伊斯坦布尔港的吞吐量表现并不突出，但由于航线开通成本最小化目标使吞吐量高的港口优先连接，而连通性最大化目标使得连通性较差的港口优先连接，在平衡两个目标的情况下得到了该最优解。当 $\alpha = 1$ 时，最优解是开通宁波舟山港和拉尔维克港之间的直达航线。由于优化目标仅考虑航运网络连通性，因此优先连接这两个连通性相对较差的港口，使整个航运网络连通性有了较大程度的提升。

7.3.2 多条边寻优结果

开通多条直达航线优化航运网络的相关参数设置如下。均衡系数设

为 $\alpha = \{0,\ 0.5,\ 1\}$，$K = \{1,\ 2,\ \cdots,\ 100\}$。当 K 取值为 1 时，搜索全局最优解的时间花费了 7.2 个小时，当 K 值从 1 增加到 100 时，找到全局最优解所需时间将呈指数级增长，因此，将 $|I|$ 值设置为 1000。由于可行解集合 $|I|$ 中的元素是按费德勒向量差值降序排列的，所以能保证最优解的质量。使用 Matlab 2016a 软件编写程序，代码执行时间为 17.9 个小时，与全局搜索相比，有效提高了求解效率。多条边寻优结果如图 7 - 1 所示。

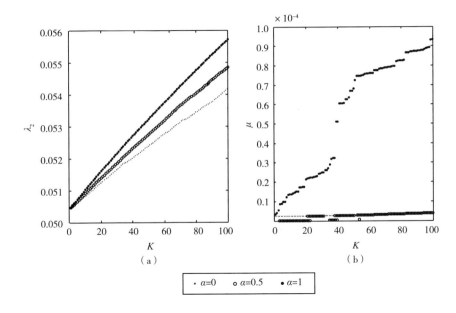

图 7 - 1 多条边寻优结果

图 7 - 1（a）显示了当优化目标的均衡系数取值为 $\alpha = 0$、$\alpha = 0.5$ 和 $\alpha = 1$ 时，航运网络开通 K 条新航线对应的连通性 λ_2 的变化情况，对应图中的小实心圆点、空心圆点和大实心圆点。随着 K 值增加，λ_2 值也随之增加，二者呈现出近似线性的正向相关性。图 7 - 1（b）显示当优化目标的均衡系数取值分别为 $\alpha = 0$、$\alpha = 0.5$ 和 $\alpha = 1$ 时，航运网络开通 K 条新航线对应的成本 μ 的变化情况，由于航线开通成本的离散性，因而散点图呈

现出不规则的增长趋势。从图 7-1 中还可以观察到，α 取值越大，λ_2 值和 μ 值增加越快，也就是说，连通性增长越快，航线开通成本也增长越快。上述结果不仅验证了优化模型的可行性和有效性，还意味着在实际中，航运连通性提升和航线资源投入两个管理目标存在效益背反现象。航运连通性本质上属于航运服务性能的一类评价，航线资源投入则最终反映在航运成本中，这两个管理目标的矛盾性与许多领域普遍存在的服务和成本效益背反类似，但在航运领域较为严重。在 2008 年金融危机后，全球经济增长整体放缓，运力持续增长和集装箱需求增速下降双重因素叠加，导致航运业处于较为低迷的状态，而在高度竞争的集运业中价格战并不鲜见，要提升航运服务更是面临挑战。

当仅考虑成本最小化时，航运网络优化方案如图 7-2 所示。

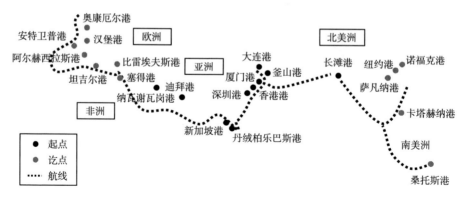

图 7-2　航运网络优化方案 1

从图 7-2 中可以观察到，优化方案 1 的航线开通方向为东西方向，与国际贸易往来的主要方向完全一致。由亚-欧航线、跨太平洋航线和跨大西洋航线组成的东西方向的集装箱航线，2017 年完成 6050 万标准箱运量，接近全球集装箱运量的一半[2]。最优解对应开通的 100 条航线中，74 条为亚-欧航线，23 条为亚洲与其他区域间的航线（包括 8 条亚-非航线，10 条亚-美航线，5 条东亚-中亚航线），3 条为欧-美航线。限于篇幅，列出优化方案 1 对应最优解中的前 10 条航线结果，如表 7 - 2 所示。

表 7 - 2 　　　　　　　　　　航运网络优化方案 1 对应的最优解

K 取值	最优解	港口名称	所在国家	所在区域	$\Delta\lambda_2 \times 10^{-2}/$ %	$\Delta\mu \times 10^{-2}/$ %
1	Shanghai $\updownarrow$ Rotterdam	上海港	中国	东亚	9.25	0.15
		鹿特丹港	荷兰	欧洲		
2	Singapore $\updownarrow$ Hamburg	新加坡港	新加坡	东南亚	15.93	0.33
		汉堡港	德国	欧洲		
3	Singapore $\updownarrow$ Antwerp	新加坡港	新加坡	东南亚	21.74	0.51
		安特卫普港	比利时	欧洲		
4	Shanghai $\updownarrow$ Hamburg	上海港	中国	东亚	31.85	0.70
		汉堡港	德国	欧洲		
5	Shenzhen $\updownarrow$ Rotterdam	深圳港	中国	东亚	39.99	0.91
		鹿特丹港	荷兰	欧洲		
6	Hongkong $\updownarrow$ Rotterdam	香港港	中国	东亚	48.32	1.17
		鹿特丹港	荷兰	欧洲		
7	Dubai $\updownarrow$ Hamburg	迪拜港	阿联酋	中东	53.46	1.43
		汉堡港	德国	欧洲		
8	Shenzhen $\updownarrow$ Hamburg	深圳港	中国	东亚	62.40	1.70
		汉堡港	德国	欧洲		

K 取值	最优解	港口名称	所在国家	所在区域	$\Delta\lambda_2 \times 10^{-2}/$ %	$\Delta\mu \times 10^{-2}/$ %
9	Ningbo – Zhoushan ↕ Rotterdam	宁波舟山港	中国	东亚	71.58	1.97
		鹿特丹港	荷兰	欧洲		
10	Shenzhen ↕ Hamburg	深圳港	中国	东亚	79.51	2.24
		汉堡港	挪威	欧洲		

观察表 7 - 2，可见最优解涉及的港口均为枢纽港，服务于亚欧航线。亚欧航线是竞争激烈的集运业最重要的市场。当不考虑整个航线网络的连通性时，航运企业将优先开通枢纽港之间的航线，有助于最小化航线开通成本。这也和现实情况一致，枢纽港易于发生拥堵，从而导致航运服务可靠性降低。

同时考虑连通性最大化和成本最小化时，且 α 取值为 0.5，航运网络优化方案如图 7 - 3 所示。

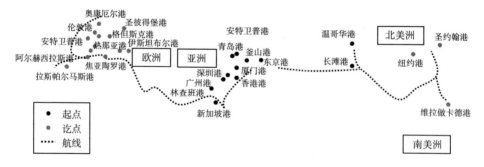

图 7 - 3　航运网络优化方案 2

从图 7 - 3 中可以观察到，优化方案 2 的航线开通方向也是东西方向，但是更加集中于亚欧航线，减少了对非洲区域航运连通性的改善。最优解对应开通的 100 条航线中，79 条为亚 - 欧航线，15 条为亚洲与其他区域间的航线（包括 1 条亚 - 非航线，4 条亚 - 美航线，10 条东亚 - 中亚航线），6 条为欧 - 美航线。优化方案 2 对应最优解中的前 10 条航线结果如表 7 - 3 所示。

表 7 - 3　　　　　　　　　航运网络优化方案 2 对应的最优解

K 取值	最优解	港口名称	所在国家	所在区域	$\Delta\lambda_2 \times 10^{-2}/$ %	$\Delta\mu \times 10^{-2}/$ %
1	Shanghai ↕ Istanbul	上海港	中国	东亚	10.93	0.45
		伊斯坦布尔港	土耳其	西亚		
2	Shanghai ↕ Hamburg	上海港	中国	东亚	21.07	0.64
		汉堡港	德国	欧洲		
3	Shanghai ↕ Bremerhaven	上海港	中国	东亚	31.35	0.95
		不莱梅港	德国	欧洲		
4	Qingdao ↕ Hamburg	青岛港	中国	东亚	41.70	1.35
		汉堡港	德国	欧洲		
5	Ningbo - Zhoushan ↕ Hamburg	宁波舟山港	中国	东亚	51.80	1.69
		汉堡港	德国	欧洲		
6	Busan ↕ Hamburg	釜山港	韩国	东亚	61.70	2.06
		汉堡港	德国	欧洲		
7	Ningbo - Zhoushan ↕ Bremerhaven	宁波舟山港	中国	东亚	71.92	2.61
		不来梅港	德国	欧洲		
8	Qingdao ↕ Bremerhaven	青岛港	中国	东亚	82.35	3.27
		不来梅港	德国	欧洲		

续表

K 取值	最优解	港口名称	所在国家	所在区域	$\Delta\lambda_2 \times 10^{-2}/$ %	$\Delta\mu \times 10^{-2}/$ %
9	Tianjin ↕ Hamburg	天津港	中国	东亚	92.4	3.79
		汉堡港	德国	欧洲		
10	Shanghai ↕ Rotterdam	上海港	中国	东亚	101.56	3.94
		鹿特丹港	荷兰	欧洲		

　　观察表 7-3，可见最优解涉及的港口与优化方案 1 中相似，均为枢纽港，以亚-欧航线为主。再次得到验证的是，当 K 取值为 1 时，搜索到的局部最优解与全局最优解完全一致，可见本章研究提出的求解算法不仅有效提高计算效率，更具有保证最优解质量的优点。

　　当仅考虑连通性最大化时，航运网络优化方案如图 7-4 所示。

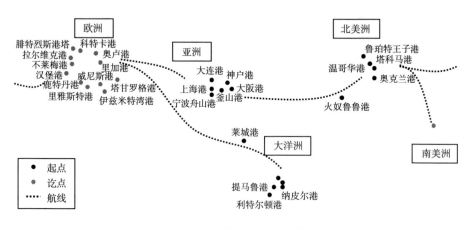

图 7-4　航运网络优化方案 3

　　从图 7-4 中可以观察到，优化方案 3 的航线开通方向仍然以东西方向为主，但是增加了对大洋洲区域航运连通性的改善。最优解对应开通的 100 条航线中，75 条为亚-欧航线，6 条为亚洲与其他区域间的航线（包括 2 条亚 – 美航线，4 条东亚 – 中亚航线），10 条为欧 – 美航线，15 条为大洋洲航线。优化方案 3 对应最优解中的前 10 条航线结果如表 7 – 4 所示。

表 7 – 4　　　　　　　　航运网络优化方案 3 对应的最优解

K 取值	最优解	港口名称	所在国家	所在区域	$\Delta\lambda_2 \times 10^{-2}/$ %	$\Delta\mu \times 10^{-2}/$ %
1	Ningbo – Zhoushan ↕ Larvik	宁波舟山港	中国	东亚	14.00	55.12
		拉尔维克港	挪威	欧洲		
2	Shanghai ↕ Larvik	上海港	中国	东亚	26.92	86.11
		拉尔维克港	挪威	欧洲		
3	Napier ↕ Bremerhaven	纳皮尔港	新西兰	大洋洲	39.83	144.98
		不莱梅港	德国	欧洲		
4	Timaru ↕ Hamburg	提马鲁港	新西兰	大洋洲	52.46	271.84
		汉堡港	德国	欧洲		
5	Ningbo – Zhoushan ↕ Kotka	宁波舟山港	中国	东亚	64.64	278.14
		科特卡港	芬兰	欧洲		
6	Napier ↕ Hamburg	纳皮尔港	新西兰	大洋洲	76.77	314.20
		汉堡港	德国	欧洲		
7	Tacoma ↕ Hamburg	塔科马港	美国	美洲	88.86	317.15
		汉堡港	德国	欧洲		
8	Ningbo – Zhoushan ↕ Fredrikstad	宁波舟山港	中国	东亚	100.88	416.34
		腓特烈斯港塔	挪威	欧洲		

K 取值	最优解	港口名称	所在国家	所在区域	$\Delta\lambda_2 \times 10^{-2}/$ %	$\Delta\mu \times 10^{-2}/$ %
9	Lae ↕ Hamburg	莱城港	巴布亚新几内亚	大洋洲	113.85	466.25
		汉堡港	德国	欧洲		
10	Shanghai ↕ Kronshtadt	上海港	中国	东亚	124.85	471.37
		喀琅施塔得港	俄罗斯	欧洲		

仅考虑连通性最大化时，最优解明显不同于前两个优化方案，更多的航线开通在连通性较差的港口对之间。这意味着，尽管目前有部分港口连通性较差，但改善这部分港口的连通性将使整个航运网络连通性有较大程度的提升。从现实意义来说，加强连通性差的港口间的海上合作，对整个航运网络连通性的优化乃至推动区域贸易十分重要。

7.4 小　　结

航运网络是保障全球经济区域之间货物流通的基础。合理科学的航运网络有助于降低航运成本，提高货物和服务往来的质量，促进各国经济贸易交流。然而，航运网络的建设有赖于航运业相关利益主体，如政府、航运企业和港口等，航运网络的优化具有多目标、复杂的特征。本章提出，考虑到连通性是维持网络中节点相连的能力，应将刻画网络结构特征的基本指标即连通性的优化作为航运业不同利益主体的共同目标，提出有别于传统的仅最大化航运利益主体内部资源的研究，将航运网络连通性纳入考虑的航运网络优化方法。

沿用第 6 章中将拉普拉斯矩阵的第二小特征值作为网络连通性的评价

指标,将向现有网络中添加的边(连接)作为航运网络优化的决策变量,建立航运网络连通性最大化和航线开通成本最小化的航运网络优化模型。然而,从一个具有 n 个节点、m 条边的网络中,找到一条最优边(连接)的概率是 $C_n^2 - m = \dfrac{n(n-1)}{2} - m$,所构建的优化模型求解复杂度为 $O(n^2)$,属于 NP-hard 问题。为了简化模型求解的复杂性,通过结合拉普拉斯矩阵的第二小特征值相关推导结果,提出一种基于费德勒向量差值最大化的求解策略,从而缩小可行解范围,并应用于实际航运网络,结果表明,提出的求解算法具有提高计算效率、适用于大规模网络的优点。

为了验证提出的优化模型的可行性和有效性,考虑在现有航运网络中开通单条和多条直达航线两种情况,并调整优化目标的均衡系数,分别找出航运网络最优化的方案。结果发现,网络连通性增长越快,航线开通成本增长也越快,反映了现实中航运连通性提升和航线资源投入两个管理目标的效益背反现象。结果还发现,优化目标仅考虑航线开通成本时,全球航运网络优化方案的航线开通方向与世界主要贸易方向一致,特别是重点在亚-欧航线方向上,并且最优解对应的港口集中于枢纽港,即航运利益主体争相布局资源的核心;优化目标同时考虑航运网络连通性和航线开通成本时,全球航运网络优化方案的航线开通方向仍然以东西方向为主,但是减少了对非洲区域航运连通性的改善,与其他优化方案相比集中于亚-欧航线的比例最高;优化目标仅考虑网络连通性时,最优解明显不同于前两个优化方案,尽管优化方案中航线开通方向也是以东西方向为主,但是更多的航线开通在连通性较差的港口对之间,例如增加了对大洋洲区域航运连通性的改善。

航线开通成本最小化目标使得吞吐量高的港口优先连接,而连通性最大化目标使连通性较差的港口优先连接。优化目标均衡系数的调整,对应于航运相关利益主体在经济效益或航运网络的建设和可持续发展两个方面关注程度的不同。全球航运网络优化方案中，优先连接连通性都较差的港口意味着，尽管目前有部分港口连通性较差，但改善这部分港口的连通性将使整个航运网络连通性有较大程度的提升，加强连通性差的港口间的海上合作，对整个航运网络连通性的优化乃至推动区域贸易有重要的现实意义。在全球经济发展放缓、中国提出"一带一路"倡议的新时代背景下，上述研究结果可以为航运相关利益主体如何选择展开港口、航运领域的物流和基础设施投资的区域提供帮助。

第 8 章

沿海省域组合港空间分布特征
及航运可达性

8.1 引 言

港口是服务于经济区域间贸易往来的物流枢纽，对贸易经济的发展起到重要的支撑作用。我国是世界港口大国，港口完成货物吞吐量和集装箱吞吐量连续多年均位居世界第一。2022 年，全球货物吞吐量排名前 20 位的港口中有 15 个是中国港口，集装箱港口中的 7 个中国港口更是连续 9 年排名全球前 10 位[136]。随着我国港口业的高速发展，港口投资规模不断扩大，港口数量大幅增加，但由于港口投资运营和港口建设管理分割，出现了港口重复建设和无序竞争的问题，港口业存在结构性产能过剩[137~139]。为了优化港口资源配置，集约高效地利用港口岸线资源，交通运输部针对港口一体化出台了系列政策，在 2014 年和 2015 年分别发布了《关于推进港口转型升级的指导意见》和《全面深化交通运输改革重点任务的通知》，2017 年又印发了《关于学习借鉴浙江经验推进区域港口一体化改革的通知》。沿海港口纷纷推动整合改革，新一轮的港口一体化改革以省域为空间载体进行港口资源整合，港口发展模式逐步由传统的"一市一港"演变为"一省一港"，驱动了省域组合港的形成[140]。

组合港是指为统一规划、建设、管理港口资源所形成的一体化的港口组织或联合体[141]。国内学者对组合港的研究多从其形成的必要性、整合模式和组合港内的竞合关系角度展开。例如，章强等[142]指出，港口一体化产生的根本原因是区域经济一体化的形成与发展，现实原因是港口行业当前发展所面临的产能过剩、效率不足和竞争激烈等问题；潘文达（2019）[141]认为，港口企业面临的同行竞争困境和市场刚性需求是促成组合港发展的因素，而政府以港口资源资产所有者的身份主动推动港口合并则是组合港形成的驱动力。国内学者从主导者、资源整合程度、港口整合实施路径、地域范围等多个不同角度对港口整合模式进行划分[143~146]；张宝清等[147]指出，现有研究大多以博弈模型、系统动力学模型以及其他一些模型理论分别对组合港的竞合策略、竞合效果和竞合机制进行分析。上述研究表明，国内组合港实践由来已久，国内学者也对组合港进行了较多研究，组合港形成的必要性及整合模式研究主要采用定性分析方法。国外学者多在港口区域一体化的视角下，研究港口整合的最优规模[148]及港口整合对集装箱吞吐量[149]、港口市场份额[150]以及商业机会[151]等带来的影响。然而，上述量化研究并未对组合港的航运联系能力及其在全球航运网络中的表现进行深入分析，较难直接应用于指导港口定位和发展方向。

随着集装箱运输在国内外运输体系中的地位日益重要，集装箱港口布局得到了学者们越来越多的关注[152]。针对宏观层面的集装箱港口布局问题，主流的研究方法是基于空间分析理论和复杂网络理论。例如，杜超等[153]选取网络拓扑结构指标刻画中国集装箱航运网络的空间结构特征，并对港口层级结构进行分析；郭建科等[154]基于 3 个时间断面航运数据，构建了中国与欧洲各港口的航运网络，借助航运网络结构特征揭示不同港口节点可达性变化和中欧航运网络的演化特征；万程鹏等[155]分析了在新冠疫情影响下中国国际集装箱航运网络空间格局的变化；刘婵娟等[156]从国家间海运联系广度和强度两个角度对全球集装箱海运网络进行层次体系划分，分析全球海运网络的整体结构；王列辉等[157]分析了中国航运业两大巨头中远集团与中海集团重组前后集装箱航运网络的整合效应；刘涛和刘均卫[158]将市场集中度指标作为衡量集装箱港口体系集中度演进的分析工具；潘坤友等[159]使用赫希曼 – 赫芬达尔指数（HHI）、偏移 – 分享模型（SHIFT）分析了近 20 年长三角地区的航运网络的空间结构变动趋势；张新放和吕靖[160]使用空间自相关和时空关联维数等方法，揭示了 21 世纪海上丝绸之路沿线港口体系时空格局的演变特征和发展规律；彭琰和李振福[161]通过构建港口货物吸引潜力模型，对“冰上丝绸之路”中国沿海港口体系对中国 – 西北欧海运贸易的货运空间格局进行预测。

综观上述文献，传统的港口空间分布研究集中在单一港口视角下，鲜有研究以省域组合港为基本单元，分析省域组合港的发展特点。为明确我国沿海省域组合港在国内、国际港口体系中的地位，本章将沿海 11 个省级行政单位的港口作为研究对象，具体为辽宁省组合港、天津港、河北省组合港、山东省组合港、江苏省组合港、上海港、浙江省组合港、福建省组合港、广东省组合港、广西壮族自治区组合港和海南省组合港，借助空间分析和复杂网络理论，选取市场份额、赫希曼 – 赫芬达尔指数、基尼系数、可达效率和介数中心性等指标，对我国沿海省域组合港的空间分布特征及航运可达性进行分析，揭示沿海省域组合港的发展现状，有助于明确我国沿海省域组合港在国内、国际港口体系中的地位，以期为沿海省域组合港错位发展提供理论参考。

8.2　数据来源和研究方法

8.2.1　数据来源

选取我国沿海辽宁省、天津市、河北省、山东省、江苏省、上海市、浙江省、福建省、广东省、广西壮族自治区和海南省共 11 个省级行政区的 41 个集装箱港口作为研究对象。全球贸易货物超过 70% 的数量通过集装箱方式完成海上运输，集装箱港口是学术界关注的重点[162]。研究数据年限为 2020 年，主要包括三类：一是地理数据，涉及中国基础地理信息矢量图，来源于国家基础地理信息中心 1∶100 万矢量数据；二是港口基本情况，包括港口的经纬度、国家、区域和吞吐量，来源于 Sea-Web 网站、交通运输部和中国港口网；三是航线数据，来源于法国航运咨询公司 Alphaliner 在线数据库，将从数据库中收集到的航线通过 Excel 和 Matlab 软件对航线数据集进行整理，保存为包含港口名称、港口挂靠次序、航线频次和船型的数据集，整理得到的航线覆盖 176 个国家，涉及 1766 条航线和 1082 个港口。将港口抽象为节点，港口之间的航线抽象为边，在航线中相邻的两个港口之间建立无向边，两个港口之间通过航线互访的频率作为边的权重，构建出反映港口之间联系情况的航运网络。

8.2.2　研究方法

8.2.2.1　市场份额、HHI 和基尼系数

市场集中度是研究港口空间分布特征的重要工具之一。为全面分析省域组合港及其组合港口内各个港口的空间分布特征，选取 3 个典型的市场集中度指标，即市场份额[163]、HHI 和基尼系数来分析港口空间分布的均衡性[158]。首先，市场份额和 HHI 计算公式为：

$$Share_i = \frac{P_i}{\sum\limits_{i=1}^{N} P_i} \times 100\% \qquad (8-1)$$

$$HHI = \sum_{i=1}^{N} \left(P_i / \sum_{i=1}^{N} P_i \right)^2 \qquad (8-2)$$

其中，P_i 为第 i 个港口的集装箱吞吐量，N 为港口的数量。式（8-1）计算第 i 个省域组合港的市场份额占沿海所有港口的比重，或计算第 i 个省域组合港内各个港口的市场份额占全省港口的比重。式（8-2）中，HHI 指数反映了全国沿海或各个省份内部的集装箱吞吐量集中程度，取值范围为 $[0, 1]$[159]。HHI 取值越高，表明港口集装箱吞吐量越集中在少数港口上，港口分布在空间结构上趋于集中。

其次，通过基尼系数分析港口空间分布不均衡的程度，计算公式如下：

$$G_i = 0.5 \sum_{i=1}^{N} \left| X_i - Y_i \right| \qquad (8-3)$$

其中，G_i 表示第 i 个港口的基尼系数，X_i 表示第 i 个港口的集装箱吞吐量在所有港口中的占比，Y_i 表示当港口集装箱吞吐量绝对均匀分布时，第 i 个港口的集装箱吞吐量在所有港口中的份额，即 $Y_i = 1/N$。基尼系数越接近 1，意味着港口分布的不均衡性越强[164]。

8.2.2.2　复杂网络拓扑特征

多数研究证实航运网络是具有小世界特性的复杂网络[152~153]。港口作为航运网络中的节点，在航运网络中体现出的拓扑特征反映了港口连通世界港口体系的难易程度，即航运可达性。因此，考虑选取可达效率和介数中心性这两个复杂网络拓扑特征分析我国沿海省域组合港的航运可达性。

（1）可达效率。

港口的可达效率通过平均路径长度的倒数计算[19]：

$$L_i = \frac{N-1}{\sum\limits_{j=1}^{N} d_{ij}} \qquad (8-4)$$

其中，d_{ij} 为平均路径长度，表示港口与航运网络中其他港口的最短路径长度的平均值，即港口最少通过几个航段可以到达其他港口。在世界港口体系中，港口的平均路径长度越小，其可达效率越高，意味着航运可达性越强。

（2）介数中心性。

港口的中转和衔接功能通过介数中心性来衡量[19]：

$$BC_i = \frac{2 \sum\limits_{s \neq i \neq t} \dfrac{n_{st}^i}{g_{st}}}{(N-1)(N-2)} \qquad (8-5)$$

其中，g_{st} 为从港口 s 到港口 t 的最短路径的数目，n_{st}^i 为从港口 s 到港口 t 的最短路径中经过港口 i 的最短路径的数量。在世界港口体系中，港口的介数中心性越大，其枢纽和转运地位越高，意味着航运可达性越强。

8.3 沿海省域组合港的空间分布特征

8.3.1 沿海省域组合港的空间分布格局

为直观描述我国沿海港口在省域尺度下的空间分布特征，将省域组合港的集装箱吞吐量（见附表 4）按地理位置从北到南排序，如图 8－1 所示。

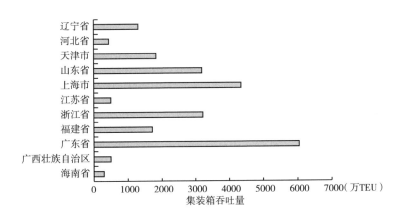

图 8－1 省域组合港集装箱吞吐量

从图 8－1 中可以看出，在省域尺度下，我国沿海省域组合港的集装箱吞吐量在空间上呈现出以"山东省、上海市＋浙江省、广东省"为中心，三大中心毗邻省份为侧翼，呈现出以稠密与稀疏相间隔的形式覆盖我国沿海的分布特征。其中，山东省、上海市、浙江省和广东省四个组合港的集装箱吞吐量显著较高，均在 3000 万 TEU 以上，分别服务于我国重要的"环渤海""长三角""珠三角"核心经济区域。上述省份航线密度高，在对外贸易中具有地理位置优越、企业投资吸引力强和腹地货源充足等相对优势。相较之下，吞吐量相对较少的省份，通常由于腹地货源不足且

"水水中转"需求少，导致航线稀疏。

不同省域港口之间差距较大且不均衡，部分原因与我国沿海港口的布局规划有关，如《长江三角洲地区交通运输更高质量一体化发展规划》明确了以上海和宁波舟山港为核心，江苏省和浙江省的其余港口共同发展的区域港口功能布局；福建省的集装箱运输系统布局规划目标为形成以厦门港为干线港、福州等其余港口为支线港的分层次系统布局；《广东省推进运输结构调整实施方案》推动广州港和深圳港两港并列为外贸集装箱干线港；《山东省推进运输结构调整工作实施方案》提出，在推进港口一体化协同发展中，形成以青岛港为龙头的现代化沿海港口群。未来港口发展中，核心港周边的边缘港很可能继续发展为支线港或喂给港，发挥航运分流、挂靠和补给等辅助功能。

8.3.2 沿海省域组合港的空间分布不均衡程度

从上述分析中可以看出，省域组合港集装箱吞吐量空间分布最突出的特征是不均衡性。为量化沿海港口空间分布不均衡的程度，首先，计算我国沿海省域组合港的市场集中度。计算省域组合港的市场份额，结果表明，中国沿海80.9%的集装箱吞吐量由20.3%的港口产生。其中，广东省占比为25%，上海市占比为18%，山东省和浙江省占比均为13%，而河北省和海南省占比不到2%。计算省域组合港的HHI值为0.09，基尼系数值为0.61，结果表明，省域组合港的集装箱吞吐量空间分布较为分散，呈现出空间分布不均衡性较强的特点。集装箱运输不仅满足腹地经济发展的需求，还具有为腹地聚集货流、人才流、资金流、信息流和技术流等资源的作用，集装箱港口吞吐量越大，港口的资源聚集能力越强[25]，进而提升港口所在区域的经济活跃度。因此，市场势力均衡的省域组合港为争夺货源增强港口建设力度，易造成港口功能趋同和竞争激烈。

其次，考虑到省域组合港由省域内单个港口组合而成，计算省域组合港内部港口的市场集中度，结果如图 8－2 所示。

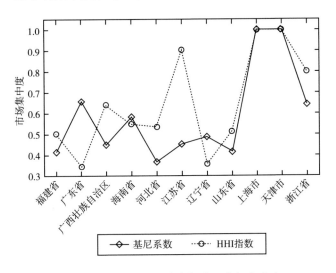

图 8－2　省域组合港的内部港口市场集中度

从图 8－2 中可以看出，沿海各个省份的 HHI 值在 0.34～0.90，基尼系数值在 0.36～0.66，反映出省域组合港内的港口集装箱吞吐量分布不均衡。从 HHI 上看，该指数大于 0.5 的省份包括江苏省、浙江省、广西壮族自治区、海南省、河北省和山东省，意味着这些省份内部的港口空间分布十分不均衡，且内部港口构成单枢纽港的港口体系。HHI 小于 0.5 的省份包括广东省、辽宁省和福建省，意味这些省份内部的港口空间分布较不均衡，且内部港口形成多枢纽港的港口体系。上海市和天津市只计算了一个港口的数值，故 HHI 和基尼系数都为 1。从基尼系数上看，该指数大于 0.6 的省份有广东省和浙江省，意味着这两个省份内部港口的空间分布极不均衡。基尼系数在 0.4～0.6 的省份有海南省、山东省、福建省、辽宁省、江苏省和广西壮族自治区，表明这些省份内部港口空间分布较为不均衡。在沿海 11 个省份中，只有河北省基尼系数小于 0.4，表明其内部港口空间分布较为均衡，这是由于河北省的货物以干散货为主，集装箱货量少且在省内较为分散。综合 HHI 和基尼系数来看，广东省和浙江省的基尼系数均超过 0.6，表明这两个省份内部港口分布都十分不均衡，但这两个省份的 HHI 值相差很大，广东省的 HHI 值为 0.34，浙江省的 HHI 值仅为 0.8，意味着广东省的集装箱吞吐量相对集中，但集中于多个港口，具有多枢纽港空间分布特征，而浙江省内集装箱吞吐量集中在单个港口，具有单枢纽港空间分布特征。

8.4 沿海省域组合港的航运可达性

8.4.1 沿海省域组合港的航运可达性差异

航运可达性反映了港口与世界连通的难易程度，是其在航运网络中所呈现出的拓扑特征。沿海省域组合港的可达效率和介数中心性计算结果如图 8 - 3 所示。

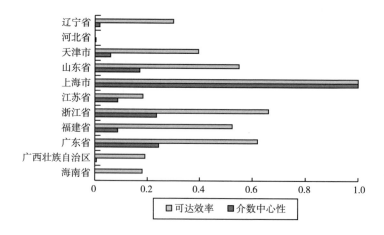

图 8 - 3　我国沿海省域组合港航运可达性

从图 8 - 3 中可以看出，在可达效率与介数中心性两个指标上，我国省域组合港的航运可达性在空间上具有聚集发展的特点，呈现出以上海港为核心，中部核心较强，南北两翼较弱的分布特征。上海港的可达效率与介数中心性值均远大于其他省域组合港，反映出上海港的航运可达性最强。作为沿海最具战略意义的国际航运中心，上海港在我国连通世界经贸体系中发挥着关键作用。

从可达效率上看，沿海 11 个省域组合港均具有较高的可达效率。其中，上海港的可达效率最高，值为 0.3544，意味着上海港航运可达性最强，是可达效率最低的海南省的 1.25 倍；不超过 3 个航段就能与上海港直接相连的港口数量占全球港口的 80.3%，且可达港口大多分布在欧洲和东亚地区；需要大于 5 个航段才能与上海港直接相连的港口较少，在全球港口中占比不超过 3%，主要分布在航距较远的欧洲、东南亚、北美洲和大洋洲。可达效率居于第二位的是浙江省组合港，其值为 0.33，不超过 3 个航段就能与其直接联系的港口在全球港口中占比达 71.4%，主要分布在欧洲、北美洲和东亚，而需要大于 5 个航段才能与浙江省组合港相连的港口在全球港口中占比仅为 3.6%。浙江省组合港的可达效率值仅比广东省组合港高出 0.0029，其与全球港口的连接情况与广东省相似，不同之处在于广东省组合港拥有更多非洲市场，这可能是广东省的多枢纽港带来的优势。河北省组合港的可达效率最低，值为 0.283，与其不超过 3 个航段就能直接相连的港口在全球港口中占比不到一半，需要大于 5 个航段才能与河北省组合港相连的港口在全球港口中占比达 6.3%。可达效率值从高到低排序的省域组合港，还包括山东省、福建省、天津市、辽宁省、广西壮族自治区、江苏省和海南省。

从介数中心性指标上看，介数中心性最高的组合港为上海港，意味着有最多的班轮航线在上海港挂靠，即上海港在发展国际转运业务中具有最明显的优势。介数中心性在 0.0117 ~ 0.0324 的组合港包括广东省、浙江省和山东省的组合港，这些组合港发挥的转运作用较为接近，分别分布在我国沿海南部、中部和北部地区。介数中心性小于0.001的组合港有广西壮族自治区、河北省和海南省的组合港，其中海南省组合港的介数中心性最小，值为0.0002，这意味着全球任意两个港口之间的最短路径中经过海南省组合港的最少，这与沿海省份中海南省GDP值最低且位于孤立的地理位置有关。此外，有少数可达效率较低的港口介数中心性却比较高，例如江苏省组合港，这与江苏省的沿海中部地理区位有关，主要发挥港口较强的转运功能。

8.4.2 沿海省域组合港航运可达性与集装箱吞吐量关联分析

对比图8-1和图8-2发现，沿海省域组合港的集装箱吞吐量与航运可达性的空间分布特征存在较大差异，具体而言，前者为侧翼环绕"三大中心"空间格局，后者为"单核心"向南北两翼扩散空间格局。因此，将各个省域组合港的集装箱吞吐量与航运可达性指标归一化到［0,1］区间，按集装箱吞吐量从高到低的顺序绘制图8-4。

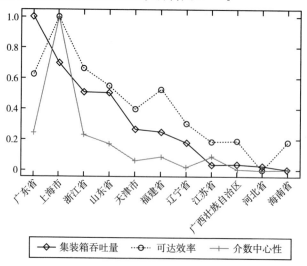

图8-4 沿海组合港集装箱吞吐量与航运可达性

从图 8-4 可以看出，我国沿海多数省域组合港的港口吞吐量与航运可达性水平呈正相关关系，即组合港的集装箱吞吐量越大其航运可达性也越强，例如浙江省、山东省、天津市、辽宁省、江苏省、广西壮族自治区和河北省。据联合国贸易和发展会议统计，全球80%的货物贸易通过海运实现，而集装箱吞吐量衡量港口所在地区的国内外贸易市场需求的大小，航运可达性则反映港口所在地区利用海运参与国内外贸易的难易程度。省域组合港在上述两个指标上表现一致，表明这些省份的港口基础设施、航运业服务水平与区域贸易发展较为匹配，未来在贸易需求驱动下，继续升级港口基础设施、提升航运业服务水平有助于推动组合港与贸易协调发展。

少数省域组合港在集装箱吞吐量上的表现优于其航运可达性，最典型的就是广东省，制造业发达且进出口贸易在国内排名第一，集装箱吞吐量全国领先，但其介数中心性远低于上海港，这可能与部分广东省货物经由毗邻的国际大港香港港集疏运有关，反映了广东省组合港的航运业服务水平仍有一定的提升空间。此外，还有少数省域组合港在航运可达性指标上的表现优于其集装箱吞吐量，例如上海市、福建省和海南省。上海港航运可达性水平最高，反映了其通过海运参与国际贸易的便捷程度全国领先，作为我国重要的枢纽港，不仅辐射长三角地区，还通过江海联运辐射长江经济带省区，港口基础设施升级的投资仍有助于促进其集装箱吞吐量的进一步提升。福建省和海南省的航运可达性表现也优于集装箱吞吐量，表明其组合港在航运网络中转运货物具有一定优势，集装箱货物的吞吐能力尚未得到充分利用，考虑到这两个省份分别在海上丝路核心区及自由贸易港建设方面的政策引导，水水转运是重点发展方向之一，其组合港未来在集装箱吞吐量方面还有较大的发展空间。

8.5 小　结

我国港口业的省域一体化改革驱动了沿海省域组合港的形成，本章以这种新兴形式的港口为研究对象，借助市场集中度和复杂网络方法，选取市场份额、HHI、基尼系数、可达效率和介数中心性五个指标，收集 2020 年全国沿海港口的集装箱吞吐量和 Alphaliner 公司班轮航线数据，对我国沿海省域组合港的空间分布特征及其航运可达性进行分析。主要研究结论如下所述。

（1）从我国沿海省域组合港的空间分布特征来看，省域尺度下，我国沿海集装箱吞吐量在空间模式上呈现出以"山东省、上海市 + 浙江省、广东省"为中心，三大中心毗邻省份为侧翼，稠密与稀疏相间隔的形式覆盖我国沿海的分布特征；市域尺度下，集装箱港口的吞吐量和航线数量差异大，其空间分布呈现出典型的"核心 - 边缘"特征。我国沿海省域组合港的集装箱吞吐量空间分布不均衡性较强，这与港口所在区域经济发展水平的差异、自然资源与地理条件的差异以及国家统一布局规划政策有关。此外，HHI 和基尼系数计算结果表明，省域组合港内部港口结构主要有两种，即以单枢纽港为核心和以多枢纽港为核心的两类港口体系结构。

（2）从我国沿海省域组合港的航运可达性来看，我国沿海省域组合港的航运可达性在空间上具有聚集发展的特点，呈现出以上海港为核心，中部核心较强，南北两翼较弱的分布特征。具体而言，从可达效率指标来看，各个省域组合港与欧洲、东亚和北美洲地区之间的可达性很强，而与非洲及南美洲之间的可达性相对较弱。从介数中心性指标来看，上海港和广东省、浙江省和山东省的组合港之间有着断层式的差距，表明在发挥中转作用时，上海港优势明显，是我国连接世界港口最重要的门户，大部分的港口之间连通都要经过这一区域，这与现实中航运业情况相符，即全球重要经济区域与我国沿海省份以及沿海省份南北之间的航运连通都十分依赖上海港。

（3）综合港口的集装箱吞吐量大小和航运可达性水平来看，多数省域组合港的港口吞吐量与航运可达性水平呈正相关关系，即组合港的集装箱吞吐量越大其航运可达性也越强，例如浙江省、山东省、天津市、辽宁省、江苏省、广西壮族自治区和河北省。这些省份的港口基础设施、航运业服务水平与区域贸易发展相匹配，未来在贸易需求驱动下，继续升级港口基础设施、提升航运业服务水平有助于推动组合港与贸易协调发展。建议浙江省重点打造我国中部枢纽港，山东省、天津市重点打造我国北部枢纽港。辽宁省、江苏省、广西壮族自治区、河北省在两个指标上表现均较差，建议加强港口基础设施和港口服务水平。此外，少数省域组合港，如广东省，在集装箱吞吐量上的表现优于其航运可达性，反映了航运业服务水平仍有一定的提升空间，建议重点优化营商环境，重点发展大宗仓储、储备基地，主动承接香港港转移业务，与香港港共同推动产业集群发展。还有少数省域组合港，如上海港、福建省和海南省组合港，在航运可达性指标上的表现优于其集装箱吞吐量，反映了组合港在航运网络中转运货物具有一定优势，其集装箱货物的吞吐能力尚未得到充分利用，上海港可借助上海国际航运中心建设的机遇，大力发展水水中转业务，尤其是推动国际中转和长江内支线中转的发展，对福建省和海南省组合港而言，"水水中转"也将是其未来重点发展方向之一。

集装箱吞吐量衡量了港口所在地区的国内外贸易市场需求的大小，而航运可达性则反映港口所在地区利用海运参与国内外贸易的难易程度。基于集装箱吞吐量与航运可达性的视角，揭示了我国沿海省域组合港在国内、国际港口体系中所处的地位，可为沿海省域组合港的定位分工、错位发展提供参考，还可以为港口所在区域的政府和省级港口集团开展港口资源配置，包括基础设施投资、航线培育、互补发展等决策提供理论依据，从而促进沿海省域组合港与所在区域经济贸易协同发展。在航运可达性计算中，仅考虑了港口的航线直接相连情况，尚未考虑港口之间的货物流量，未来研究将予以完善。

第9章

省域一体化背景下海丝核心区港口连通性

9.1 引　言

2015 年以来，我国港口纷纷推动以省域为空间载体的资源整合改革，在省域一体化背景下，省级港口企业或省级港口管理机构相继成立。福建作为 21 世纪海上丝绸之路核心区（以下简称"海丝核心区"）也不例外。2020 年 8 月，福建省交通集团、厦门港务控股等 11 家沿海地市国有港口企业整合重组成立了福建省港口集团，标志着福建港口行业进入省域一体化发展新时期。在"一带一路"建设推动下，海丝核心区港口建设取得明显进展，但仍存在着建设成效与海丝核心区战略定位不匹配的问题[165]。港口连通性是评价港口地位的重要指标[166]。在省域一体化背景下，研究海丝核心区港口的连通性现状，分析海丝核心区港口在沿海省域乃至国际港口体系中的地位，有助于管理部门规划整合港口资源和港口企业制定发展战略，对推进核心区港口建设，深化海丝核心区建设具有重要的现实意义。

港口连通性问题已有丰富的研究成果，在本书第 2 章和第 4 章中已有详述。总结而言，从港口服务供需主体角度，港口连通性评价研究可以归纳为以下两大类：第一类评价面向港口或港口企业，这类研究通常选取港口业务统计信息作为评价指标，如港口吞吐量、挂靠航线数量等；第二类评价则面向航运企业，通过衡量港口在航运网络中体现出的重要性程度来评价港口的连通性，如港口间运输能力、港口转运能力、度值、度中心性、加权度中心性、介数中心性、接近中心性、特征向量中心性、代数连通性、空间联系强度等。近年来，由于航运企业的航线数据可获得性增强，航运网络视角下的港口连通性评价成为学术界研究港口连通性的主流范式。

航运网络视角能够有效揭示港口的连通性，因此本章应用复杂网络理论，选取平均度、度分布、平均路径长度、聚类系数 4 个网络拓扑特征指标和度中心性、加权度中心性、介数中心性 3 个节点中心性指标，从海丝核心区航运网络整体连通程度和港口节点在连通海上丝路沿线航运网络中起到的重要性程度两个维度，对海丝核心区港口连通性进行分析，以期为海丝核心区港口资源规划建设和整合布局提供理论参考。

9.2 研究方法与数据处理

9.2.1 研究方法

为全面刻画海丝核心区港口的连通性，从全局网络和局部节点两个维度展开分析。选取平均度、度分布、平均路径长度和聚类系数 4 个网络拓扑特征指标，用于评价海丝核心区航运网络的整体连通程度；选取度中心性、加权度中心性和介数中心性 3 个节点中心性指标，用于衡量海丝核心区港口节点在连通海上丝路沿线航运网络中起到的重要性程度。上述指标具体解释如下。

9.2.1.1 海丝核心区航运网络拓扑特征

（1）平均度。港口的度表示港口通过航线与之直接通达的港口数量，航运网络中所有港口的度的平均值就是航运网络的平均度[109]，即：

$$K = \frac{1}{n} \sum_i k_i, \forall i \in N \qquad (9-1)$$

其中，N 表示港口集合，港口数量 $n = |N|$，k_i 表示第 i 个港口的度。航运网络平均度的大小反映其结构的紧密程度，相同规模下，航运网络的平均度越大说明结构越稠密，反之说明结构越稀疏。

（2）度分布。航运网络中所有港口的度的分布规律用函数 P_k 描述，表示航运网络中度值为 k 的港口占全部港口数的比例，一般在直方图中观察呈幂律分布曲线[167]，即：

$$P_k = \alpha k^{-\gamma} \qquad (9-2)$$

其中，α 和 γ 为常数，且 $\alpha > 0$。当度分布服从幂律分布时，在双对数坐标系中表现为斜率为负数的直线。

（3）平均路径长度。将两个港口之间距离定义为连接这两个港口的最短路径上的边数，则航运网络的平均路径长度为任意两个港口之间距离的平均值[109]，即：

$$L = \frac{2}{n(n-1)} \sum_{i \neq j; i,j \in N} d_{ij} \qquad (9-3)$$

其中，d_{ij}表示港口 i 和港口 j 之间的距离。平均路径长度越短，意味着港口之间流通货物的平均距离越短，则货物流通速度越快，航运网络的效率越高。

（4）聚类系数。航运网络中，港口相互连接的概率可以通过港口的聚类系数度量，计算为与港口相连的实际边数和可能与该港口相连的边数之比[109]，即：

$$c(i) = \frac{2m_i}{n_i(n_i-1)} \tag{9-4}$$

其中，n_i表示与港口 i 相邻的港口数量，m_i表示 n_i 个港口相连的实际边数，$c(i)$ 表示港口 i 的聚类系数。航运网络的聚类系数 C 就是所有港口的聚类系数的平均值，反映了航运网络的聚类能力和集中程度，计算公式为：

$$C = \frac{1}{n} \sum_i c_i \tag{9-5}$$

9.2.1.2　海丝核心区港口中心性

（1）度中心性。港口的度除以航运网络中最大可能的度，即为度中心性[19]。对于包含 n 个港口的航运网络来说，一个港口至多与 $n-1$ 个港口相连，因此度中心性值为：

$$DC_i = \frac{k_i}{n-1} \tag{9-6}$$

其中，k_i最大可能的值为 $n-1$，故 DC_i 的取值范围为 $[0,1]$。度中心性是刻画港口在航运网络中所处位置最直接的指标，该指标值越大，说明港口通过航线与之直接通达的港口数量越多，港口的联系范围越广。

（2）加权度中心性。港口的加权度为与之相连的边权之和[109]，则加权度中心性为：

$$WDC_i = \frac{\sum_{j \in N_i} w_{ij}}{Max\left(\sum_{j \in N_1} w_{i1}, \sum_{j \in N_2} w_{i2}, \cdots, \sum_{j \in N_n} w_{in}\right)} \qquad (9-7)$$

其中，N_i 表示与港口 i 相邻的港口集合，w_{ij} 表示连接港口 i 和港口 j 的边的权重，选取港口之间的航线数量作为权重。WDC_i 的取值范围也为 [0，1]，加权度中心性值越大，说明港口对外联系的航线数量越多，港口在航运网络中与其他港口的联系越密切。

（3）介数中心性。港口的度和加权度分别反映了航运网络中港口对外联系的广度和深度，但无法反映港口在航运网络中的影响力。港口的介数表示航运网络中所有最短路径中经过该港口的数量的比例[19]，其归一化值定义为：

$$BC_i = \frac{2}{(n-1)(n-2)} \sum_{s \neq i \neq t} \frac{n_{st}^i}{g_{st}} \qquad (9-8)$$

其中，g_{st} 为从港口 s 到港口 t 的最短路径的数目，n_{st}^i 为从港口 s 到港口 t 的最短路径中经过港口 i 的最短路径的数量。介数中心性衡量港口在连通航运网络中发挥的作用，港口的介数中心性值越大，说明港口的枢纽和中转地位越高。

9.2.2 数据收集与处理

研究数据包括地理数据、港口基本情况和航线数据，来源于国家基础地理信息中心、Sea-Web 网站、交通运输部、中国港口网和法国航运咨询公司 Alphaliner 在线数据库、《中国港口年鉴》及《福建省沿海港口布局规划（2020～2035 年）》，通过 Excel 和 Matlab 软件进行处理，收集与处理方法在第 3 章和第 8 章已有详述。

9.3 海丝核心区港口连通性

9.3.1 海丝核心区港口概况

福建在推进"一带一路"建设中承担着重要使命。2015 年国家发布《推动共建丝绸之路经济带和21 世纪海上丝绸之路的愿景与行动》（以下简称《愿景与行动》），支持福建建设海丝核心区。海丝核心区是21 世纪海上丝绸之路发展的重点区域，而港口建设是海丝核心区建设的重要内容和关键切入点，因此将海丝核心区港口作为研究对象。海丝核心区港口由福州港、湄洲湾港、泉州港和厦门港组成，基本情况如表 9 – 1 所示。

表 9 – 1　　　　　　　　2022 年海丝核心区港口基本情况

港口名称	生产性泊位（个）	万吨级以上泊位（个）	集装箱航线数量（条）	集装箱吞吐量（万 TEU）	分层次港口布局定位
福州港	166	76	27	346	全国沿海主要港口，以集装箱、能源、原材料运输为主
湄洲湾港	60	30	——	2	地区性重要港口，以大宗散货运输为主
泉州港	51	11	11	208	地区性重要港口，以内贸集装箱运输为主
厦门港	182	79	105	1243	全国沿海主要港口，国际枢纽海港，沿海集装箱干线港

资料来源：笔者根据《中国港口年鉴 2023》整理得到。

福州港和厦门港的生产性泊位及万吨级以上泊位的数量较为接近，是海丝核心区的两大主要港口。厦门港作为国际枢纽海港和沿海集装箱干线港，集装箱航线数量约为福州港的4倍。海丝核心区港口的集装箱吞吐量合计1 799万TEU，福州港和厦门港的集装箱吞吐量占比约83%，泉州港集装箱吞吐量占比约11.6%，而湄洲湾港以散货运输为主，集装箱吞吐量占比仅为0.1%。

9.3.2　海丝核心区航运网络特征

从数据集中筛选出123条挂靠海丝核心区港口的航线，使用Matlab 2016a软件构建了包含173个港口的海丝核心区航运网络模型。计算海丝核心区航运网络的4个整体特征指标值，可得平均度、平均路径长度和聚类系数的值分别为5.98、3.47和0.39，度分布情况如图9-1所示。

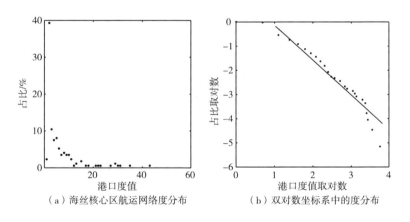

（a）海丝核心区航运网络度分布　　（b）双对数坐标系中的度分布

图9-1　海丝核心区航运网络的度分布

从图9-1（a）中可以看出，海丝核心区航运网络中港口的度值分布非均匀。经过计算，在173个港口中，度值大于30的港口仅有厦门港、上海港、新加坡港和香港港，度值大于20的港口占比不到6%，而度值不超过5的港口占比接近70%，意味着少数度值较大的港口发挥了连通整个航运网络的关键作用，在航运网络中处于核心地位。图9-1（b）是度分布在双对数坐标系中的拟合结果，可以观察到一条近似斜率为负数的直线，表明度分布符合幂律分布规律，海丝核心区航运网络具有无标度特性。

无标度特性是复杂网络的典型特征，上述结果表明，海丝核心区航运网络属于复杂网络，对货物流转的连通能力强、传输效率高，在航线设计中应注重充分利用枢纽港的辐射效应，在港口建设中要特别重视对枢纽港的保护，提高枢纽港的韧性及抗风险能力。

在省域一体化的港口整合背景下，为了从省域比较的视角分析海丝核心区港口的连通性，分别筛选出挂靠在沿海 11 个省域的航线并构建航运网络，按照地理位置从北到南排序，得到 11 个航运网络的整体特征计算结果，如表 9 - 2 所示。

表 9 - 2　　　　　　　　　沿海省域航运网络的整体特征

航运网络	挂靠航线数量（条）	覆盖国家数量（个）	港口数量（个）	平均度	平均路径长度	聚类系数
辽宁	97	47	176	5.56	3.79	0.26
河北	19	7	52	4.42	3.12	0.18
天津	93	66	206	4.92	4.16	0.22
山东	183	76	251	5.92	3.75	0.33
江苏	71	30	124	5.32	3.82	0.25
上海	314	86	319	6.51	3.44	0.42
浙江	218	81	273	6.25	3.41	0.44
福建	123	54	173	5.98	3.47	0.39
广东	264	88	268	7.11	3.41	0.45
广西	24	12	65	3.94	3.41	0.28
海南	14	10	41	3.76	2.97	0.21

资料来源：笔者根据实验结果整理得到。

从网络规模上看，福建海丝核心区航运网络挂靠航线达 123 条，在 11 个沿海省域中排名第 5 位，其航运网络包含 173 个港口、覆盖 54 个国家，分别排名第 6 位和第 7 位；上述结果表明，在沿海省域中，海丝核心区的港口对外联系的深度和广度处于中等水平。从平均度上看，海丝核心区航运网络平均度为 5.98，排名第 4 位，说明海丝核心区港口直接通达的港口数量在沿海处于中上水平。沿海 11 个省域的航运网络都具有较小的平均路径长度和相对较大的聚类系数，意味着航运网络中虽然包含多个港口节点，但从任意一个港口运输货物到另一个港口，最短仅需经过 3~5 个航段，运输效率高。从航运网络整体特征的各个指标上的表现来看，总体不如上海、广东、浙江和山东 4 个省份，海丝核心区在港口与航线能力方面尚未能够与海丝核心区的战略地位相匹配。

9.3.3　海丝核心区港口的连通性地位

为明确海丝核心区港口在海上丝路沿线航运网络中的连通性地位，依据《愿景与行动》中海上丝路地理范围的划分，筛选出挂靠海上丝路沿线国家和地区港口的航线，构建出包含 840 个港口的海上丝路沿线航运网络，计算所有港口的连通性指标值，如图 9-2 所示。

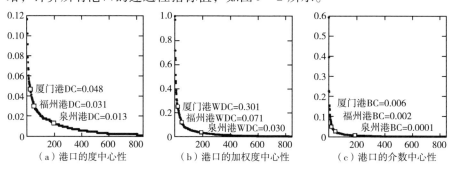

图 9-2　港口的中心性值

在图 9 – 2 中，港口的度中心性、加权度中心性和介数中心性 3 个指标值均按降序排列并用圆点表示，其中海丝核心区港口的指标值用正方形表示（收集到航线数据未涉及湄洲湾港）。从图 9 – 2 中实验结果可以看出，在 3 个反映港口连通性的中心性指标上，厦门港的表现优于福州港，而厦门港和福州港又远胜泉州港。

在海上丝路沿线港口中，厦门港、福州港和泉州港的度中心性排名分别为第 22 名、第 48 名、第 189 名，加权度中心性的排名分别为第 15 名、第 80 名、第 201 名，介数中心性的排名分别为第 175 名、第 313 名、第 532 名。上述结果表明，厦门港的度中心性和加权度中心性均位居前 3%，反映其作为我国 11 个国际枢纽港之一，与海上丝路沿线港口联系的广度和深度均处于领先地位，在海上丝路沿线航运网络中与之相连的港口数量多、航线访问频率高，但介数中心性的排名仅为前 21%，反映了厦门港尚未在海上丝路航运网络中占据核心的货物中转地位，其在海上丝路沿线航运网络中的国际影响力还有待提升。福州港的度中心性和加权度中心性均排名前 10%，意味着其作为我国沿海主要港口承担了重要的区域综合运输任务，开通的航线数量也较多，但介数中心性排名前 38%，说明其在海上丝路航运网络中的国际影响力一般；泉州港的度中心性和加权度中心性排名位于前 25%、介数中心性排名前 64%，说明其主要发挥为枢纽港喂给货物的作用，对海上丝路沿线航运网络的影响很小。

9.3.4　海上丝路沿线区域航运连通对海丝核心区港口的依赖

海上丝路沿线涉及 100 多个国家和地区，考虑地理因素与贸易分布因素，将海上丝路沿线区域细分为 7 个区域，分别是东亚、东南亚、南亚、西亚、非洲、欧洲和大洋洲，海丝核心区港口在 7 个区域挂靠港口的情况如表 9 – 3 所示。

表 9 - 3   海丝核心区港口与海上丝路沿线区域的航线联系情况

海丝沿线区域	挂靠港口的数量（个）	航线联系的频次（次）
东亚	58	848
东南亚	24	236
南亚	7	16
西亚	16	38
非洲	14	25
欧洲	17	38
大洋洲	3	9

资料来源：笔者根据实验结果整理得到。

从表 9 - 3 中可以看出，海丝核心区港口在东亚地区挂靠港口的数量和航线联系的频次最多，其次是东南亚地区，欧洲、西亚、非洲和大洋洲再次之。

经过统计，海丝核心区港口连通了 58 个东亚港口，覆盖了我国、日本和韩国，港口之间的航线联系频次差异明显，航线联系频次超过 50 次的港口共有 5 个，分别为上海港、香港港、深圳港、高雄港、宁波舟山港；航线联系次数在 20 ~ 50 次的港口有 7 个，分别为广州港、青岛港、釜山港、东京港、汕头港、天津港和横滨港；航线联系次数在 6 ~ 20 次的港口有 16 个；航线联系次数在 1 ~ 5 次的港口数量最多，为 30 个，占到覆盖港口总数的一半以上。

海丝核心区港口连通了 24 个东南亚港口，覆盖了新加坡、越南、菲律宾、马来西亚、泰国、印度尼西亚和柬埔寨 7 个国家，航线联系频次在 20 ~ 50 次的港口有 3 个，分别为新加坡港、胡志明港、马尼拉港，来自新加坡、越南、菲律宾国家；航线联系频次在 6 ~ 20 次的港口有 9 个，主要联系的港口为巴生港、海防港、林查班港和丹戎帕拉帕斯港等区域大港；其余与海丝核心区港口建立的航运联系频次值均少于 5 次，共有 12 个港口对处于低频联系范围。

海丝核心区港口与 16 个西亚港口、14 个非洲港口及 17 个欧洲港口之间相连，分别覆盖了 9 个、11 个及 11 个国家，但均处于低频联系范围，联系频次大部分为 1~5 次。海丝核心区港口在西亚地区航运联系频次排名前 3 位的港口分别是阿联酋的杰贝阿里港、阿曼的塞拉港、黎巴嫩的贝鲁港；在非洲地区航运联系频次排名前 3 位的港口分别为埃及的塞得港和苏伊士运河港、尼日利亚的拉格斯港；在欧洲地区航运联系频次相对较多的港口分别是英国的费利克斯托港和荷兰的鹿特丹港。

在南亚区域，海丝核心区港口的辐射范围较小，仅连接了 7 个港口，覆盖印度、斯里兰卡和巴基斯坦 3 个国家，港口间的航运联系频次也较低，仅与斯里兰卡的科伦坡港之间的联系频次超过了 5 次，与印度连通的港口数量最多。

海丝核心区港口联系最少的区域是大洋洲，仅连接了大洋洲 3 个港口，分别为布里斯班港、墨尔本港和悉尼港，航运联系频次均为 3 次。

上述情况反映了海丝核心区与海上丝路沿线区域之间的航运联系广度和航运联系深度。反过来说，海上丝路沿线区域航线联系中海丝核心区港口参与的情况，反映的是海丝核心区港口对海上丝路沿线区域航运连通的贡献程度，即海上丝路沿线航运网络互联互通对海丝核心区港口的依赖程度。因此，统计海上丝路沿线各个区域中的航线联系情况，即海上丝路沿线各个区域内外部航线连通的港口数量和航线互访频率总和，如表 9-4 所示。在此基础上，得出海上丝路沿线区域航线联系中海丝核心区港口参与的情况，如表 9-5 所示。

表 9-4　　　　　　海上丝路沿线区域的航线联系情况

区域	内部联系港口数量 （个）	内部航线联系频次 （次）	对外联系港口数量 （个）	对外航线联系频次 （次）
东亚	126	6412	91	859
东南亚	137	2292	134	980

续表

区域	内部联系港口数量 （个）	内部航线联系频次 （次）	对外联系港口数量 （个）	对外航线联系频次 （次）
南亚	28	578	47	268
西亚	73	1232	92	602
非洲	117	1348	128	706
欧洲	259	3448	157	739
大洋洲	67	578	37	107

资料来源：笔者根据实验结果整理得到。

表 9 - 5　　海上丝路沿线区域航线联系中海丝核心区港口参与的情况

海上丝路 沿线区域	内部联系港口数量 占比（％）	内部航线联系频次 占比（％）	对外联系港口数量 占比（％）	对外航线联系频次 占比（％）
东亚	46.0	91.1	52.7	91.9
东南亚	17.5	75.9	50.7	81.5
南亚	25.0	46.4	63.8	89.2
西亚	21.9	53.9	37.0	57.5
非洲	11.1	29.2	33.6	53.3
欧洲	6.6	38.7	24.8	34.0
大洋洲	4.5	22.0	70.3	83.2

资料来源：笔者根据实验结果整理得到。

从海上丝路沿线区域内部联系来看，东亚内部航线联系对海丝核心区港口的依赖程度最高，东亚与海丝核心区航运网络联系的港口数量占其内部总联系港口数量的46%，航线联系频次占总联系频次的91%。东南亚内部联系在连接广度上对海丝核心区港口依赖程度一般，与海丝核心区航运网络联系的港口数量不到总数量的20%，但东南亚内部联系在连接深度上较依赖海丝核心区港口，其与海丝核心区航运网络的航线联系频次占总联系频次的75%。南亚和西亚内部联系中连接深度比连接广度更依赖海丝核心区港口，与海丝核心区航运网络联系的港口数量占总数量的20%，但航线联系频次占总联系频次的50%。非洲、欧洲、大洋洲内部联系则对核心区港口的依赖程度相对较小。

从海上丝路沿线区域对外联系来看，大洋洲、南亚、东亚和东南亚对外联系较依赖海丝核心区港口，与海丝核心区航运网络联系的港口数量占其对外联系港口数量一半以上，且航线联系频次占总联系频次的80%以上。西亚和非洲区域的对外联系深度方面较为依赖海丝核心区港口，与海丝核心区航运网络联系的港口数量占总联系港口数量的33%，航线联系频次占总联系频次的50%以上。欧洲区域对外联系的连接广度和连接深度均对海丝核心区港口的依赖程度较小。

上述结果表明，海上丝路沿线7个区域的航运互联互通对海丝核心区港口的依赖程度存在较大差异，海丝核心区港口在与我国经济贸易往来较为密切的区域建立航运互联互通中发挥了重要作用，继续打造海丝核心区"丝路海运"品牌和平台，建设海丝核心区世界一流港口，将有助于提升海丝核心区港口在海上丝路沿线航运网络中的地位。

9.4 小　　结

本章应用复杂网络理论，从全局网络和局部节点两个维度，选取平均度、度分布、平均路径长度和聚类系数4个网络拓扑特征指标评价海丝核心区航运网络的整体连通程度，选取度中心性、加权度中心性和介数中心性3个节点中心性衡量海丝核心区港口节点在连通海上丝路沿线航运网络中起到的重要性程度，全面刻画了海丝核心区港口的连通性现状，得到如下主要结论。

（1）在沿海省域中，海丝核心区港口对外联系的深度和广度处于中等水平，在航运网络整体特征的各个指标上的表现总体不如上海、广东、浙江和山东；海丝核心区航运网络具有无标度特性，对货物流转的连通能力强、传输效率高。

（2）在度中心性、加权度中心性和介数中心性 3 个反映港口连通性的指标上，厦门港和福州港远胜泉州港，厦门港又优于福州港。

（3）海丝核心区港口与海上丝路沿线港口有着较为频繁的航线往来，厦门港在海丝核心区居于引领地位，但尚未在海上丝路航运网络中体现出明显的货物中转地位，对海上丝路沿线港口的航线联系的广度和深度在我国沿海处于中等水平，国际影响力还有待提升。

（4）海上丝路沿线 7 个区域的航运互联互通对海丝核心区港口的依赖程度存在较大差异，在与我国经济贸易往来较为密切的东亚、大洋洲、南亚和东南亚等区域航运连通中，海丝核心区港口发挥了显著作用。

深化海丝核心区建设、促进省域港口资源整合及建设两岸融合发展示范区等为海丝核心区港口发展带来了机遇，海丝核心区港口应抓住港口省域一体化改革的契机，进一步优化港口协调和管理机制，通过统筹规划减少省域内部港口之间的重复竞争，实现港口资源深度整合，有序分工并合力提升港口连通性。基于本章研究中海丝核心区的连通性分析结果，建议未来航线业务拓展中注重充分利用枢纽港的辐射效应，在本土企业主导的航线设计中聚焦厦门港的国际门户功能，在港口建设中要特别重视提高厦门港和福州港的韧性及抗风险能力，重点与上海、广东、浙江和山东开展港口合作，提升海丝核心区在联系沿海省份乃至海上丝路沿线国家中的作用，强化港口在对外联系的广度、深度及中转货物方面的综合竞争力和国际影响力，以期与海丝核心区地位相匹配的世界一流港口得以早日建成。

第 10 章

总结与展望

10.1 总　　结

　　集装箱航运网络由港口和航线构成，承载着全球贸易的货物流，其拓扑结构折射了贸易发展趋势，反映了航运业发展规律。在全球经济发展放缓、"一带一路"倡议提出的新时代背景下，研究集装箱航运网络结构，对航运业相关利益主体，如政府部门、航运企业、港口管理者的投资决策具有重要的启示意义。

　　连通性是维持网络中节点相连的能力，航运网络的连通是保障国际贸易货物流通的基础。航运网络连通性的提升，有助于降低航运成本，促进各国间的贸易和经济交流。本书研究围绕航运网络的连通性展开研究，基于管理学、系统工程、复杂网络、社团检测等理论，提出一系列航运网络连通性评价及优化方法。研究结合实际数据分析，得到的港口地位评价、港口社团划分、航运瓶颈识别、航运网络优化方案等研究结果，可为政府、航运企业和港口管理者等港航业相关利益主体在"21世纪海上丝绸之路"建设、政府部门规划和整合港口资源、港口企业定位与投资、航运企业优化航线等决策制定上提供依据。

本书研究取得的主要成果如下所示。

（1）对航运网络连通性分析、航运网络优化、网络复杂性、社团检测等基础理论方法和研究现状进行了综述。

（2）介绍构建真实的全球集装箱航运网络的方法。收集航线数据，从中抽取港口和航线信息，收集港口坐标、集装箱吞吐量等基础数据，构建真实的集装箱航运网络，并对集装箱航运网络的连接稀疏性、小世界特性、无标度特性和鲁棒性等基本特性进行分析，为后续深入研究航运网络连通性分析及应用提供基础。

（3）针对港口连通性评价问题，从复杂网络视角出发，借助复杂网络理论选取评价港口连通性的指标，并基于主成分分析，构建了港口连通性综合评价模型，对全球集装箱港口的连通性展开评价。提出的港口连通性评价方法，可以解决科学地量化港口定位的问题，为制定港口发展战略提供理论依据。

（4）提出一种基于特征值分解的算法，从社团检测的视角出发，对全球集装箱航运网络进行社团划分，据此对全球集装箱航运网络连通性进行分析。与多数需要借助事先设定社团的数目和规模的社团检测算法相比，本书研究提出的特征值分解算法具有快速、无须先验知识的优势，可推广应用于大规模交通运输网络。应用该方法得到的全球集装箱航运网络划分结果符合航运业实际，得到的港口社团之间的关键连接可以为港口的发展和投资决策提供参考，港口社团内部的核心枢纽港可以为航运企业枢纽港选址及航线网络优化决策提供依据。

（5）为识别"21世纪海上丝绸之路"航运网络的连通瓶颈所在，基于拉普拉斯矩阵的第二小特征值和社团检测原理，提出一种基于递归谱平分的瓶颈识别算法，划分海上丝路集装箱航运网络为若干港口社团，并将港口社团之间稀疏的航线连接作为航运网络中的瓶颈。该方法具有所需数据少、快速准确的特点，识别出的海上丝路的航运连通瓶颈均处于海上丝路沿线国家贸易的关键物流通道上，有助于为海上丝路建设应在哪些区域进行政策倾斜、资源分配或优先建设，从而增强中国和海上丝路沿线国家之间航运连通性提供理论参考。

（6）针对现有航运网络优化研究仅集中在不同航运利益主体各自优化其内部资源的问题，本书研究提出将刻画网络结构特征的基本指标即连通性，作为航运业不同利益主体的共同目标，提出一种新的航运网络优化方法。研究将考虑连通性的网络优化问题构建为一个双目标数学规划模型，并为了简化模型求解的复杂性，设计了基于费德勒向量差值最大化的模型求解算法，应用于实际航运网络中，验证了优化模型及求解算法的可行性和有效性。通过调整航运网络优化目标的均衡系数，提出三种航运网络优化方案，为港航业相关利益主体如何选择展开港口、航运领域的物流和基础设施投资的区域提供帮助。

（7）近年来，我国港口一体化改革聚焦于以省域为空间载体的港口资源整合，港口发展模式逐步由传统的"一市一港"演变为"一省一港"，驱动了省域组合港的形成，为发挥组合港的聚集发展优势，分析组合港的有效分工与错位发展，从连通性的视角明确港口在沿海省域乃至国际港口体系中的地位，为促进组合港协同发展提供思路。

（8）海丝核心区港口建设是"一带一路"建设的重要内容，为明确海丝核心区港口的建设现状，选取平均度、度分布、平均路径长度、聚类系数4个网络拓扑特征指标和度中心性、加权度中心性、介数中心性3个节点中心性指标，从航运网络整体连通程度和港口节点在连通海上丝路沿线航运网络中起到的重要性程度两个维度，分析海丝核心区港口的连通性，研究结果可为管理部门规划整合港口资源、港口企业制定发展战略、深化海丝核心区建设提供依据。

10.2 不足与展望

本书研究开展的航运网络连通性评价及其在航运网络优化中的应用研究，虽然经过深入研究已经取得了一定的成果，可以为"一带一路"建设背景下政府部门规划与整合港口资源、港口企业定位与发展、航运企业的航线网络布局等决策问题提供参考，但是还存在有待进一步研究和完善的不足之处。例如，航线数据包含了船舶在航线上挂靠各个港口的顺序，航运网络用有向图表示更为准确，对应的邻接矩阵应为非对称矩阵。本书研究提出的港口连通性和航运网络连通性评价方法基于对称矩阵进行运算，如何使用非对称矩阵对航运网络连通性评价进行建模值得深入研究。此外，由于不同经济区域、管理层次、建设主体背景下的航运网络连通性存在差异，如何结合航运的区域性、层次性、多目标性对航运网络进行优化，并应用于微观的航运物流决策问题中还有待进一步研究。

附　　录

附表 1　　　　执行第一次谱平分对应的航运瓶颈包含航段

源港口	目的港	频次	源港口	目的港	频次
塞得港	新加坡港	394	鹿特丹港	迪拜港	7
塞得港	巴生港	367	科托努港	巴生港	6
塞得港	吉达港	339	勒阿弗尔港	吉达港	6
开普敦港	巴生港	111	勒阿弗尔港	巴生港	6
亚喀巴港	吉达港	94	勒阿弗尔港	新加坡港	6
塞得港	科伦坡港	86	鹿特丹港	吉达港	6
开普敦港	伊丽莎白港	80	鹿特丹港	巴生港	6
开普敦港	德班港	68	贝鲁特港	阿布杜拉王国	5
塞得港	科钦港	66	杜姆亚特港	科伦坡港	5
塞得港	塞拉莱港	65	南安普顿港	科伦坡港	5
塞得港	阿布杜拉王国	57	哥本哈根港	新加坡港	4
伦敦港	伊丽莎白港	48	杜姆亚特港	蒙德拉港	4
塞得港	豪尔费坝港	36	阿比让港	新加坡港	3
洛美港	巴生港	30	比雷埃夫斯港	吉达港	3
比雷埃夫斯港	新加坡港	30	阿帕帕港	新加坡港	2
塞得港	吉布提港	29	开普敦港	新加坡港	2
阿帕帕港	巴生港	28	南安普顿港	迪拜港	2

源港口	目的港	频次	源港口	目的港	频次
塞得港	蒙德拉港	26	特马港	伊丽莎白港	2
黑角点	科伦坡港	25	阿比让港	科伦坡港	1
沃尔维斯湾	德班港	25	阿帕帕港	科伦坡港	1
沃尔维斯湾	巴生港	20	阿帕帕港	伊丽莎白港	1
延布港	吉达港	16	开普敦港	科伦坡港	1
亚喀巴港	艾因·苏赫纳港	15	开普敦港	加莱角港	1
亚喀巴港	苏赫纳港	13	科托努港	德班港	1
阿尔赫西拉斯港	新加坡港	12	科托努港	图阿马西纳港	1
罗安达港	德班港	12	热那亚港	吉达港	1
塞得港	迪拜港	12	哥德堡港	新加坡港	1
亚喀巴港	阿布杜拉王国	11	勒阿弗尔港	科伦坡港	1
卡利亚里港	吉达港	11	罗安达港	伊丽莎白港	1
科托努港	伊丽莎白港	10	罗安达港	图阿马西纳港	1
塞得港	加莱角港	10	马耳他港	豪尔费坝港	1
鹿特丹港	新加坡港	10	比雷埃夫斯港	科伦坡港	1
南安普顿港	新加坡港	9	黑角点	加莱角港	1
杜姆亚特港	科钦港	8	塞得港	穆罕默德·本·卡西姆	1
阿帕帕港	德班港	7	里耶卡港	新加坡港	1
杜姆亚特港	迪拜港	7	特马港	巴生港	1

资料来源：笔者根据实验结果整理得到。

附表2　　执行第二次谱平分对应的航运瓶颈包含航段

源港口	目的港	频次	源港口	目的港	频次
丹绒柏乐巴斯港	新加坡港	669	丹绒柏乐巴斯港	西哈努克城港	13
丹绒柏乐巴斯港	巴生港	392	陶兰加港	香港港	13
丹绒柏乐巴斯港	深圳港	207	丹绒柏乐巴斯港	班让港	12
丹绒柏乐巴斯港	广州港	102	丹绒柏乐巴斯港	民都鲁港	12
丹绒柏乐巴斯港	胡志明港	81	丹绒柏乐巴斯港	岘港	12

续表

源港口	目的港	频次	源港口	目的港	频次
丹绒柏乐巴斯港	高雄港	77	丹绒柏乐巴斯港	达沃港	12
阿德莱德港	新加坡港	74	丹绒柏乐巴斯港	桑托斯港	12
丹绒柏乐巴斯港	科伦坡港	73	丹绒柏乐巴斯港	基隆港	12
丹绒柏乐巴斯港	路易港	59	丹绒柏乐巴斯港	头顿港	12
丹绒柏乐巴斯港	雅加达港	58	墨尔本港	宁波舟山港	11
丹绒柏乐巴斯港	伊丽莎白港	58	丹绒柏乐巴斯港	迪拜港	11
丹绒柏乐巴斯港	林查班港	56	丹绒柏乐巴斯港	三堡垄港	11
丹绒柏乐巴斯港	北干巴鲁港	50	费里曼特尔港	加莱角港	10
丹绒柏乐巴斯港	加莱角港	50	丹绒柏乐巴斯港	金奈港	10
布里斯班港	新加坡港	45	丹绒柏乐巴斯港	占碑港	10
布里斯班港	高雄港	39	丹绒柏乐巴斯港	留尼汪港	10
丹绒柏乐巴斯港	香港港	34	丹绒柏乐巴斯港	塞拉莱港	10
丹绒柏乐巴斯港	厦门港	31	丹绒柏乐巴斯港	维萨卡帕特南港	10
布里斯班港	宁波舟山港	30	布里斯班港	香港港	9
布里斯班港	巴生港	28	努美阿港	香港港	9
悉尼港	香港港	25	丹绒柏乐巴斯港	蒙巴萨港	9
托雷斯海峡	新加坡港	25	阿德莱德港	雅加达港	7
丹绒柏乐巴斯港	槟城港	24	丹绒柏乐巴斯港	达累斯萨拉姆港	7
丹绒柏乐巴斯港	青岛港	24	费里曼特尔港	吉达港	6
丹绒柏乐巴斯港	上海港	21	丹绒柏乐巴斯港	孟拉港	6
布里斯班港	横滨港	20	丹绒柏乐巴斯港	斗湖港	6
丹绒柏乐巴斯港	吉大港	18	陶兰加港	东京港	6
丹绒柏乐巴斯港	归仁港	17	布里斯班港	釜山港	4
墨尔本港	深圳港	15	悉尼港	宁波舟山港	4
费里曼特尔港	新加坡港	14	惠灵顿港	新加坡港	3
丹绒柏乐巴斯港	巴拉望港	13	丹绒柏乐巴斯港	德班港	2
丹绒柏乐巴斯港	仰光港	13	陶兰加港	巴生港	1
丹绒柏乐巴斯港	关丹港	13			

资料来源：笔者根据实验结果整理得到。

附表3　　　　执行第三次谱平分对应的航运瓶颈包含航段

源港口	目的港	频次	源港口	目的港	频次
新加坡港	深圳港	579	新加坡港	东京港	11
新加坡港	香港港	314	巴生港	亚庇哥打基港	10
巴生港	深圳港	305	巴生港	青岛港	10
巴生港	头顿港	211	巴生港	东京港	10
新加坡港	林查班港	186	新加坡港	大连港	10
新加坡港	宁波舟山港	107	巴生港	宁波舟山港	9
新加坡港	广州港	83	塞拉莱港	林查班港	9
新加坡港	头顿港	78	迪拜港	深圳港	8
新加坡港	胡志明港	73	新加坡港	基隆港	8
新加坡港	上海港	70	新加坡港	青岛港	8
巴生港	林查班港	65	科伦坡港	林查班港	7
巴生港	厦门港	65	巴生港	曼谷港	6
新加坡港	海防港	52	新加坡港	钦州港	6
新加坡港	宿务岛港	46	泗水港	胡志明港	6
新加坡港	釜山港	40	新加坡港	头顿港	5
新加坡港	高雄港	36	新加坡港	光阳港	4
新加坡港	厦门港	35	纳闽岛港	亚庇哥打基港	3
豪尔费坝港	深圳港	34	孟买新港	宁波舟山港	3
新加坡港	曼谷港	34	巴生港	海防港	3
巴生港	胡志明港	30	朱拜勒港	宁波舟山港	2
新加坡港	马尼拉港	29	孟买新港	香港港	2
科伦坡港	深圳港	27	新加坡港	方城港	2
新加坡港	天津港	24	新加坡港	归仁港	2
古晋港	民都鲁港	22	金奈港	上海港	1
雅加达港	深圳港	21	科伦坡港	基隆港	1
巴生港	上海港	21	科伦坡港	头顿港	1
巴生港	西哈努克城港	21	迪拜港	香港港	1
巴生港	大连港	20	迪拜港	光阳港	1

源港口	目的港	频次	源港口	目的港	频次
巴生港	广州港	19	德班港	基隆港	1
新加坡港	亚庇哥打基港	17	雅加达港	香港港	1
巴生港	天津港	16	吉达港	香港港	1
新加坡港	关丹港	15	吉达港	宁波舟山港	1
新加坡港	神户港	14	孟买新港	釜山港	1
新加坡港	穆阿拉港	14	孟买新港	光阳港	1
新加坡港	西哈努克城港	14	孟买新港	青岛港	1
新加坡港	宋卡港	14	巴西古当港	民都鲁港	1
科伦坡港	台北港	13	巴生港	民都鲁港	1
巴生港	香港港	13	巴生港	釜山港	1
巴生港	神户港	13	巴生港	高雄港	1
新加坡港	达沃港	13	巴生港	斗湖港	1
雅加达港	胡志明港	12	泗务港	民都鲁港	1
雅加达港	林查班港	12	新加坡港	丐让港	1
巴生港	归仁港	12	新加坡港	岘港	1
新加坡港	八打雁港	12	新加坡港	山打根港	1
雅加达港	釜山港	11	新加坡港	台中港	1
新加坡港	民都鲁港	11	仰光港	胡志明港	1

资料来源：笔者根据实验结果整理得到。

附表4　2020年全国沿海港口货物、集装箱吞吐量

港口名称	所属省份	货物吞吐量（万吨）	集装箱吞吐量（万TEU）
丹东港	辽宁	4418	21
大连港	辽宁	33401	511
营口港	辽宁	23821	565
盘锦港	辽宁	5750	40
锦州港	辽宁	10641	164
葫芦岛港	辽宁	3974	10
秦皇岛港	河北	20061	62

港口名称	所属省份	货物吞吐量（万吨）	集装箱吞吐量（万TEU）
黄骅港	河北	30125	73
唐山港	河北	70260	312
天津港	天津	50290	1835
潍坊港	山东	5324	52
烟台港	山东	39935	330
威海港	山东	3863	122
青岛港	山东	60459	2201
日照港	山东	49615	486
上海港	上海	65105	4350
连云港港	江苏	24182	480
盐城港	江苏	8265	26
嘉兴港	浙江	11715	196
宁波舟山港	浙江	117240	2872
台州港	浙江	5091	50
温州港	浙江	7401	101
福州港	福建	24897	352
莆田港	福建	4681	1
泉州港	福建	11805	226
厦门港	福建	20750	1141
汕头港	广东	3351	159
揭阳港	广东	2370	11
惠州港	广东	8834	27
深圳港	广东	26506	2655
东莞港	广东	19070	342
广州港	广东	61239	2317
中山港	广东	1272	138
珠海港	广东	13367	184
江门港	广东	7717	75
阳江港	广东	3350	5
茂名港	广东	2683	8

续表

港口名称	所属省份	货物吞吐量（万吨）	集装箱吞吐量（万 TEU）
湛江港	广东	23391	123
北海港	广西	3736	50
钦州港	广西	13649	395
防城港	广西	12182	60
海口港	海南	11781	197
洋浦港	海南	5664	102
三亚港	海南	221	1

资料来源：笔者根据交通运输部官网发布的 2020 年我国港口货物、集装箱吞吐量整理得到，主要港口来源于《全国港口与航道布局规划》，不包括港澳台地区港口。

参 考 文 献

［1］ Mulder J. Network design and robust scheduling in liner shipping ［D］. Erasmus University Rotterdam，2016.

［2］ United Nations Conference on Trade and Development. Review of maritime transport 2018 ［R］. United Nations：Geneva，2018.

［3］ Christiansen M，Fagerholt K，Ronen D. Ship routing and scheduling：Status and perspective ［J］. Transportation Science，2004，38（1）：1–18.

［4］ Kaluza P，Kölzsch A，Gastner M T，Blasius B. The complex network of global cargo ship movements ［J］. Journal of the Royal Society Interface，2010，7（48）：1093–1103.

［5］ 李帆. 东亚区域集装箱海运网络拓扑结构及演化研究 ［D］. 大连：大连海事大学，2012.

［6］ Wang T，Meng Q，Wang S，Tan Z. Risk management in liner ship fleet deployment：A joint chance constrained programming model ［J］. Transportation Research Part E，2013，60：1–12.

［7］ Wilmsmeier G，Hoffmann J，Sanchez R J. The impact of port characteristics on international maritime transport costs ［J］. Research in Transportaion Economics，2006，16（1）：117–140.

［8］United Nations Conference on Trade and Development. Review of maritime transport 2017［R］. United Nations: Geneva, 2017.

［9］国家发展改革委, 外交部, 商务部. 推动共建丝绸之路经济带和21 世纪海上丝绸之路的愿景与行动［EB/OL］. http: //www. ndrc. gov. cn/xwzx/xwfb/201503/t20150328_669089. html, 2015.

［10］Huang Y. Understanding China's Belt & Road Initiative: Motivation, framework and assessment［J］. China Economic Review, 2016, 40: 314 – 321.

［11］王杰, 李雪. 基于改进 BA 模型的海运复杂网络演化研究［J］. 武汉理工大学学报 (交通科学与工程版), 2013, 37 (3): 498 – 500.

［12］王思远, 余思勤, 潘静静. 轴辐式航运网络研究前沿综述［J］. 世界科技研究与发展, 2017, 39 (1): 12 – 16.

［13］Hu Y, Zhu D. Empirical analysis of the worldwide maritime transportation network［J］. Physica A: Statistical Mechanics and its Applications, 2009, 388 (10): 2061 – 2071.

［14］Watts D J, Strogatz S H. Collective dynamics of 'small world' networks［J］. Nature, 1998, 393 (6684): 440 – 442.

［15］Barabasi A-L, Albert R. Emergence of scaling in random networks［J］. Science, 1999, 286 (5439): 509 – 512.

［16］Allen F, Gale D. Financial contagion［J］. Journal of Political Economy, 2000, 108 (1): 1 – 33.

［17］Boss M, Elsinger H, Summer M, Thurner S. Network topology of the interbank market［J］. Quantitative Finance, 2004, 4 (6): 677 – 684.

［18］Granovetter M. The impact of social structure on economic outcomes［J］. Journal of Economic Perspectives, 2005, 19 (1): 33 – 30.

［19］汪小帆, 李翔, 陈关荣. 网络科学导论［M］. 北京: 高等教育出版社, 2012.

［20］彭澎，程诗奋，刘希亮. 全球海洋运输网络健壮性评估［J］. 地理学报，2017，72（12）：2241 – 2251.

［21］Bondy J A, Murty U S R. Graph theory［M］. Springer, 2008.

［22］Newman M E J. Networks: An introduction［M］. Oxford: Oxford University Press, 2010.

［23］Ford L R, Fulkerson D R. Flows in networks［M］. Princeton, new Jersey: Princeton University Press, 1962.

［24］Merger K. Zur allgemeinen kurventheorie［J］. Fundamenta Mathematicae, 1927, 10: 96 – 115.

［25］汪应洛. 系统工程［M］. 北京：机械工业出版社，2015.

［26］Hotelling H. Analysis of a complex of statistical variables into principal components［J］. Journal of Educational Psychology, 1933, 24（6）: 417.

［27］Adler N, Golany B. Evaluation of deregulated airline networks using data envelopment analysis combined with principal component analysis with an application to Western Europe［J］. European Journal of Operational Research, 2001, 132（2）: 260 – 273.

［28］Newman M E J. Detecting community structure in networks［J］. The European Physical Journal B, 2004, 38（2）: 321 – 330.

［29］Chakraborty T, Dalmia A, Mukherjee A, Ganguly N. Metrics for community analysis: A survey［J］. ACM Computing Surveys, 2017, 50（4）: 54.

［30］Newman M E. Modularity and community structure in networks［J］. Proceedings of the National Academy of Sciences, 2006, 103（23）: 8577 – 8582.

［31］Kernighan B W, Lin S. An efficient heuristic procedure for partitioning graphs［J］. The Bell System Technical Journal, 1970, 49（2）: 291 – 307.

［32］Yu S X, Shi J. Multiclass Spectral Clustering［C］. IEEE International Conference on Computer Vision, 2003.

[33] Donath W E, Hoffman A J. Lower bounds for the partitioning of graphs [J]. IBM Journal of Research and Development, 1973, 17 (5): 420 – 425.

[34] Fiedler M. Algebraic connectivity of graphs [J]. Czechoslovak Mathematical Journal, 1973, 23 (2): 298 – 305.

[35] Pothen A, Simon H D, Liou K-P. Partitioning sparse matrices with eigenvectors of graphs [J]. SIAM Journal on Matrix Analysis and Applications, 1990, 11 (3): 430 – 452.

[36] Hagen L, Kahng A B. New spectral methods for ratio cut partitioning and clustering [J]. IEEE Transactions on Computer-Aided Design of Integrated Circuits and Systems, 1992, 11 (9): 1074 – 1085.

[37] Van Driessche R, Roose D. An improved spectral bisection algorithm and its application to dynamic load balancing [J]. Parallel Computing, 1995, 21 (1): 29 – 48.

[38] Moreno-Martinez E, Amo-Lopez P, Cruz-Roldan F, Blanco-Velasco M. Enhanced spectral method for T-Wave alternans analysis [C]. IEEE International Symposium on Intelligent Signal Processing, 2007.

[39] Goyal S, Zaveri M A, Kumar S, Shukla A K. A survey on graph partitioning approach to spectral clustering [J]. Journal of Dental Research, 2015, 31 (1): 803.

[40] Scott J. Social network analysis [M]. London: SAGE, 2012.

[41] Girvan M, Newman M E. Community structure in social and biological networks [J]. Proceedings of the National Academy of Sciences, 2002, 99 (12): 7821 – 7826.

[42] Newman M E J. Mixing patterns in networks [J]. Physical Review

E，2003，67（2）：026126.

［43］Newman M E J，Girvan M. Finding and evaluating community structure in networks［J］. Physical Review E，2004，69（2）：026113.

［44］Newman M E J. Fast algorithm for detecting community structure in networks［J］. Physical Review E，2004，69（6）：066133.

［45］Clauset A，Newman M E，Moore C. Finding community structure in very large networks［J］. Physical Review E，2004，70（6）：066111.

［46］Guimera R，Amaral L A N. Functional cartography of complex metabolic networks［J］. Nature，2005，433（7028）：895.

［47］Scopus. What is Scopus［EB/OL］. https：//www. scopus. com/home. uri，2018.

［48］中国知网. 中国知网简介［EB/OL］. http：//www. cnki. net/，2018.

［49］Lin J，Ban Y. Complex network topology of transportation systems［J］. Transport Reviews，2013，33（6）：658－685.

［50］Ducruet C，Lugo I. Structure and dynamics of transportation networks：Models，concepts，and applications［M］. London：SAGE，2013.

［51］田炜，邓贵仕，武佩剑，车文娇. 世界航运网络复杂性分析［J］. 大连理工大学学报，2007，47（4）：605－609.

［52］武佩剑，邓贵仕，田炜. 集装箱航运网络拓扑特性研究［J］. 武汉理工大学学报（交通科学与工程版），2008，32（4）：665－668.

［53］Hu Y H，Zhu D L. Empirical analysis of the worldwide maritime transportation network［J］. Physica A，2009，388（10）：2061－2071.

［54］牟向伟，陈燕，杨明，李桃迎. 班轮航运网络拓扑特性［J］. 大连海事大学学报，2009，35（2）：34－37.

［55］彭燕妮. 基于复杂网络理论的集装箱班轮航运网络演化研究［D］. 大连：大连海事大学，2014.

[56] 赵宇哲,彭燕妮,匡海波. 生态学视角下的集装箱海运网络适应度 BA 模型 [J]. 运筹与管理, 2014, 23 (6): 266-273.

[57] 李帆. 东亚区域集装箱海运网拓扑结构及演变研究 [D]. 大连: 大连海事大学, 2012.

[58] 方亮, 王杰, 梁金鹏, 张咪妮. 亚洲区域海运网络的结构特性与演化模型 [J]. 大连海事大学学报, 2015, 41 (2): 57-61.

[59] Ducruet C, Rozenblat C, Zaidi F. Ports in multi-level maritime networks: Evidence from the Atlantic (1996-2006) [J]. Journal of Transport Geography, 2010, 18 (4): 508-518.

[60] Ducruet C, Notteboom T. The worldwide maritime network of container shipping: Spatial structure and regional dynamics [J]. Global Networks, 2012, 12 (3): 395-423.

[61] Li Z, Xu M, Shi Y. Centrality in global shipping network basing on worldwide shipping areas [J]. GeoJournal, 2015, 80 (1): 47-60.

[62] 李振福, 李贺, 徐梦俏, 李漪. 世界海运网络演变及未来发展趋势研究 [J]. 太平洋学报, 2014, 22 (5): 98-105.

[63] Kaluza P, Kolzsch A, Gastner M T, Blasius B. The complex network of global cargo ship movements [J]. Journal of the Royal Society Interface, 2010, 7 (48): 1093-1103.

[64] 程书恒, 郭子坚, 宋向群. 基于复杂网络的集装箱海运系统的鲁棒性研究 [J]. 港工技术, 2010, 47 (2): 32-35.

[65] Wang C J, Wang J. Spatial pattern of the global shipping network and its hub-and-spoke system [J]. Research in Transportation Economics, 2011, 32 (1): 54-63.

[66] Bichou K, Bell M G H, Evans A. Risk management in port operations, logistics and supply chain security [M]. London: Informa, 2007.

［67］Liu H, Tian Z, Huang A, Yang Z. Analysis of vulnerabilities in maritime supply chains ［J］. Reliability Engineering & System Safety, 2018, 169 (Supplement C): 475 –484.

［68］Calatayud A, Palacin R, Mangan J, Jackson E, Ruiz-Rua A. Understanding connectivity to international markets: A systematic review ［J］. Transport Reviews, 2016, 36 (6): 713 –736.

［69］Cullinane K, Wang Y. A capacity-based measure of container port accessibility ［J］. International Journal of Logistics Research and Applications, 2009, 12 (2): 103 –117.

［70］李振福, 李贺, 徐梦俏, 史砚磊. 世界海运网络可达性对比研究 ［J］. 大连海事大学学报, 2014, 40 (1): 101 –104.

［71］Tang L C, Low J M W, Shao W L. Understanding port choice behavior—A network perspective ［J］. Networks and Spatial Economics, 2011, 11 (1): 65 –82.

［72］Lam J S L, Wei Y Y. Dynamics of liner shipping network and port connectivity in supply chain systems: analysis on East Asia ［J］. Journal of Transport Geography, 2011, 19 (6): 1272 –1281.

［73］武佩剑. 集装箱班轮航运网络可靠性建模与仿真研究 ［D］. 大连: 大连理工大学, 2010.

［74］Tovar B, Hernández R, Rodríguez-Déniz H. Container port competitiveness and connectivity: The Canary Islands main ports case ［J］. Transport Policy, 2015, 38: 40 –51.

［75］Jiang J, Lee L H, Chew E P, Gan C C. Port connectivity study: An analysis framework from a global container liner shipping network perspective ［J］. Transportation Research Part E: Logistics and Transportation Review, 2015, 73: 47 –64.

[76] Wang G W Y, Zeng Q, Li K, Yang J. Port connectivity in a logistic network: The case of Bohai Bay, China [J]. Transportation Research Part E: Logistics and Transportation Review, 2016, 95: 341 – 354.

[77] Ducruet C, Wang L. China's global shipping connectivity: Internal and external dynamics in the contemporary era (1890 – 2016) [J]. Chinese Geographical Science, 2018, 28 (2): 202.

[78] 戚文闯. 海上丝绸之路研究综述 [J]. 福建省社会主义学院学报, 2016, 2 (113): 80 – 88.

[79] Bhattacharyay B N. Seamless sustainable transport connectivity in Asia and the Pacific: Prospects and challenges [J]. International Economics and Economic Policy, 2012, 9 (2): 147 – 189.

[80] 郑国姣, 杨来科. 21 世纪海上丝绸之路共建战略 [J]. 中国流通经济, 2016, 30 (1): 58 – 63.

[81] ESCAP. Asia-Pacific countries strengthen regional transport connectivity to drive sustainable development [EB/OL]. https://www. unescap. org/news, 2018.

[82] 于敏, 刁俊昭, 牛文彬. 欧盟最新内河航运政策及借鉴 [J]. 水运管理, 2012, 34 (8): 35 – 38.

[83] Agarwal R. Network design and alliance formation for liner shipping [D]. United States: Georgia Institute of Technology, 2007.

[84] Agarwal R, Ergun O. Ship scheduling and network design for cargo routing in liner shipping [J]. Transportation Science, 2008, 42 (2): 175 – 196.

[85] Gelareh S, Pisinger D. Fleet deployment, network design and hub location of liner shipping companies [J]. Transportation Research Part E: Logistics and Transportation Review, 2011, 47 (6): 947 – 964.

［86］Chen C, Zeng Q C. Designing container shipping network under changing demand and freight rates［J］. Transport, 2010, 25（1）: 46 - 57.

［87］Mulder J, Dekker R. Methods for strategic liner shipping network design［J］. European Journal of Operational Research, 2014, 235（2）: 367 - 377.

［88］Christian E. M. Plum, Pisinger D, Sigurd M M. A service flow model for the liner shipping network design problem［J］. European Journal of Operational Research, 2014, 235: 378 - 386.

［89］Wanga S, Liu Z, Bell M G H. Profit-based maritime container assignment models for liner shipping networks［J］. Transportation Research Part B: Methodological, 2015, 72: 59 - 76.

［90］Agarwal R, Ergun O. Network design and allocation mechanisms for carrier alliances in liner shipping［J］. Operations Research, 2010, 58（6）: 1726 - 1742.

［91］Azaron A, Kianfar F. Dynamic shortest path in stochastic dynamic networks: Ship routing problem［J］. European Journal of Operational Research, 2003, 144（1）: 138 - 156.

［92］Wang S, Meng Q. Robust schedule design for liner shipping services［J］. Transportation Research Part E: Logistics and Transportation Review, 2012, 48: 1093 - 1106.

［93］赵宇哲, 段浩, 张连如. 不确定 OD 需求下的轴—辐式集装箱海运网络设计［J］. 系统工程, 2014, 32（4）: 21 - 29.

［94］Liu Z, Meng Q, Wang S, Sun Z. Global intermodal liner shipping network design［J］. Transportation Research Part E: Logistics and Transportation Review, 2014, 61: 28 - 39.

［95］Karsten C V, Pisinger D, Ropke S, Brouer B D. The time constrained multi-commodity network flow problem and its application to liner shipping network design [J]. Transportation Research Part E: Logistics and Transportation Review, 2015, 76: 122 – 138.

[96] 王建伟, 甘家华, 毛新华, 唐穆君. 多目标约束下的联盟混合轴辐式运输网络优化 [J]. 长安大学学报自然科学版, 2015, 35 (3): 110 – 115.

[97] Dong J X, Lee C Y, Song D P. Joint service capacity planning and dynamic container routing in shipping network with uncertain demands [J]. Transportation Research Part B: Methodological, 2015, 78: 404 – 421.

[98] Mansouri S A, Lee H, Aluko O. Multi-objective decision support to enhance environmental sustainability in maritime shipping: A review and future directions [J]. Transportation Research Part E: Logistics and Transportation Review, 2015, 78: 3 – 18.

[99] Christiansen M, Fagerholt K, Nygreen B, Ronen D. Ship routing and scheduling in the new millennium [J]. European Journal of Operational Research, 2013, 228: 467 – 483.

[100] Tovar B, Hernández R, Rodríguez-Déniz H. Container port competitiveness and connectivity: The Canary Islands main ports case [J]. Transport Policy, 2015, 38: 40 – 51.

[101] Jia H, Daae Lampe O, Solteszova V, Strandenes S P. Norwegian port connectivity and its policy implications [J]. Maritime Policy and Management, 2017, 44 (8): 956 – 966.

[102] Alphaliner company. Alphaliner Top 100 [EB/OL]. https://alphaliner. axsmarine. com/PublicTop100/, 2015.

[103] Ducruet C, Zaidi F. Maritime constellations: A complex network approach to shipping and ports [J]. Maritime Policy & Management, 2012, 39

（2）：151 – 168.

［104］Costa L, Rodrigues F A, Travieso G. Characterization of complex networks：A survey of measurements ［J］. Advances in Physics, 2007, 56 （1）：167 – 242.

［105］Albert R, Jeong H, Barabasi A L. Error and attack tolerance of complex networks ［J］. Nature, 2000, 406 （1）：378 – 382.

［106］郭世泽, 陆哲明. 复杂网络基础理论 ［M］. 北京：科学出版社, 2012.

［107］Hoffmann J. Liner shipping connectivity ［J］. UNCTAD Transport Newsletter, 2005, 27：4 – 12.

［108］Wang G W Y, Zeng Q, Li K, Yang J. Port connectivity in a logistic network：The case of Bohai Bay, China ［J］. Transportation Research Part E：Logistics and Transportation Review, 2016, 95：341 – 354.

［109］孙玺菁, 司守奎. 复杂网络算法与应用 ［M］. 北京：国防工业出版社, 2015.

［110］Jolliffe I T. Principal Component Analysis ［M］. New York：Springer, 1986.

［111］United Nations Conference on Trade and Development. Liner shipping connectivity index ［EB/OL］. https：//unctad. org/, 2018.

［112］福建省统计局. 2016 年福建省国民经济和社会发展统计公报 ［EB/OL］. http：//www. fujian. gov. cn/zc/tjxx/tjgb/201702/t20170224_1134370. htm, 2017.

［113］黄秀英. "一带一路"背景下福建省与西亚地区贸易合作研究 ［J］. 对外经贸, 2016 （8）：17 – 18.

［114］郑美青. "一带一路"背景下福建拓展大洋洲经贸关系研究 ［J］. 亚太经济, 2016 （6）：138 – 142.

[115] Chung F R. Spectral graph theory [M]. Rhode Island: American Mathematical Society, 1997.

[116] Sarkar S, Dong A. Community detection in graphs using singular value decomposition [J]. Physical Review E, 2011, 83 (4): 046114.

[117] Barabási A-L, Dezso Z, Ravasz E, Yook S-H, Oltvai Z. Scale-free and hierarchical structures in complex networks [C]. Aip Conference, 2003.

[118] Sun Z, Zheng J, Hu H. Finding community structure in spatial maritime shipping networks [J]. International Journal of Modern Physics C, 2012, 23 (6): 1250044 - 1 - 9.

[119] Liu C, Wang J, Zhang H. Spatial heterogeneity of ports in the global maritime network detected by weighted ego network analysis [J]. Maritime Policy & Management, 2017, 45 (1): 1 - 16.

[120] Sheu J B, Kundu T. Forecasting time-varying logistics distribution flows in the One Belt-One Road strategic context [J]. Transportation Research Part E: Logistics and Transportation Review, 2018, 111: 5 - 22.

[121] 国家发展改革委, 国家海洋局. "一带一路" 建设海上合作设想 [EB/OL]. http://www.ndrc.gov.cn/zcfb/zcfbtz/201711/t20171116_867166. html, 2017.

[122] Wilmsmeier G, Hoffmann J, Sanchez R J. The Impact of Port Characteristics on International Maritime Transport Costs [J]. Research in Transportation Economics, 2006, 16: 117 - 140.

[123] Wilmsmeier G, Hoffmann J. Liner shipping connectivity and port infrastructure as determinants of freight rates in the Caribbean [J]. Maritime Economics and Logistics, 2008, 10 (1 - 2): 130 - 151.

[124] Wilmsmeier G, Martínez-Zarzoso I. Determinants of maritime transport costs: A panel data analysis for Latin American trade [J]. Transportation

Planning and Technology, 2010, 33 (1): 105 – 121.

[125] Von Luxburg U. A tutorial on spectral clustering [J]. Statistics and Computing, 2007, 17 (4): 395 – 416.

[126] Fiedler M. A property of eigenvectors of nonnegative symmetric matrices and its application to graph theory [J]. Czechoslovakian Mathematical Journal, 1975, 25 (4): 619 – 637.

[127] Spielman D A. Spectral Graph Theory [EB/OL]. http: // www. cs. yale. edu/homes/spielman/561/, 2015.

[128] Bell M G H, Kurauchi F, Perera S, Wong W. Investigating transport network vulnerability by capacity weighted spectral analysis [J]. Transportation Research Part B: Methodological, 2017, 99: 251 – 266.

[129] Calatayud A, Mangan J, Palacin R. Vulnerability of international freight flows to shipping network disruptions: A multiplex network perspective [J]. Transportation Research Part E: Logistics and Transportation Review, 2017, 108: 195 – 208.

[130] Zheng C, Xiao Z, Zhou W, Chen X, Chen X. Characteristics of Important Routes, Channels, and Ports [M]. Singapore: Springer Singapore, 2018.

[131] European Commission. EU-China: Trade in goods [EB/OL]. http: //ec. europa. eu/trade/policy/countries-and-regions/countries/china/, 2017.

[132] Li L. China's Policy towards the South China Sea: When geopolitics meets the Law of the Sea [M]. Oxon: Routledge, 2018.

[133] Lloyd's List. One hundred ports 2017 [EB/OL]. https: //lloydslist. maritimeintelligence. informa. com/one-hundred-container-ports – 2017 # row, 2018.

［134］Golub G H, Loan C F V. Matrix computations［M］. Baltimore：The Johns Hopkins University Press，1989.

［135］王杰，梁金鹏. 基于预期流优化的集装箱班轮网络引力模型［J］. 复杂系统与复杂性科学，2014，11（4）：66－71.

［136］交通运输部. 2022 年 12 月全国港口货物、集装箱吞吐量［EB/OL］.（2023－01－30）［2023－06－01］. https：//xxgk. mot. gov. cn/2020/jigou/zhghs/202301/t20230130_3747863. html.

［137］章强，殷明. 中国区域港口一体化的由来、起点、内涵和展望［J］. 大连海事大学学报（社会科学版），2018，17（6）：43－49.

［138］潘文达. 论区域港口一体化的发展方式［J］. 中国港口，2019（5）：1－5.

［139］苏孟超，薛天寒，丁文涛，等. 区域港口资源整合的成因分析与经验启示［J］. 港工技术，2018，55（3）：63－67，87.

［140］王柏玲，朱芳阳. 我国港口资源整合的新态势及其经济效应［J］. 广西社会科学，2018，279（9）：73－77.

［141］潘文达. 从组合港视角看我国区域港口一体化发展［J］. 水运管理，2019，41（1）：1－5，12.

［142］章强，殷明. 中国区域港口一体化的由来、起点、内涵和展望［J］. 大连海事大学学报（社会科学版），2018，17（6）：43－49.

［143］王诺，刘晓东，谢春晓. 组合港形式研究［J］. 水运工程，2007（8）：28－32. DOI：10. 16233/j. cnki. issn1002－4972. 2007. 08. 014.

［144］杨亦权. 区域港口一体化的思考［J］. 中国高新区，2018.

［145］贺向阳，唐斐. 国内外港口一体化发展现状［J］. 港口经济，2017，168（8）：22－25.

［146］章强，何凯，Harry Geerlings. 我国省域港口资源整合的驱动机制与实践模式研究［J］. 浙江海洋大学学报（人文科学版），2017，34

（4）：8 – 16.

［147］张宝清，盛进路．组合港研究综述［J］．交通财会，2018（5）：9 – 16.

［148］Yang Z, Guo L, Lian F. Port integration in a region with multiport gateways in the context of industrial transformation and upgrading of the port［J］. Transportation Research Part E：Logistics and Transportation Review, 2019, 122：231 – 246.

［149］Dong G, Zheng S, Lee P T W. The effects of regional port integration：The case of Ningbo-Zhoushan Port［J］. Transportation Research Part E：Logistics and Transportation Review, 2018, 120：1 – 15.

［150］Wu S, Yang Z. Analysis of the case of port co-operation and integration in Liaoning（China）［J］. Research in Transportation Business & Management, 2018, 26：18 – 25.

［151］Inoue S. Realities and challenges of port alliance in Japan—Ports of Kobe and Osaka［J］. Research in Transportation Business & Management, 2018, 26：45 – 55.

［152］杜超，王姣娥，莫辉辉．中国集装箱航运网络空间格局及复杂性研究［J］．长江流域资源与环境，2016, 25（2）：190 – 198.

［153］郭建科，侯雅洁，何瑶．"一带一路"背景下中欧港口航运网络的演化特征［J］．地理科学进展，2020, 39（5）：716 – 726.

［154］万程鹏，陶嘉乐，伍静，张笛．新冠肺炎疫情对中国国际航运网络空间格局影响分析［J］．交通信息与安全，2020, 38（2）：129 – 135.

［155］刘婵娟，胡志华，杨正璇．基于社会网络的全球集装箱海运网络层次体系与派系划分［J］．世界地理研究，2019, 28（6）：68 – 76.

［156］王列辉，郑渊博，叶斐．航运企业重组与集装箱航运网络整合效应研究——以中国远洋海运集团有限公司为例［J］．地理科学，2019, 39

(4): 560 – 567.

[157] 靳廉洁, 姚海元, 胡贵麟, 于滨. 我国沿海集装箱运输及码头能力适应性分析 [J]. 水运工程, 2022 (5): 44 – 49.

[158] 刘涛, 刘均卫. 长江干线集装箱港口体系集中度演进分析 [J]. 经济地理, 2018, 38 (3): 113 – 119.

[159] 潘坤友, 曹有挥, 魏鸿雁. 长三角地区集装箱航运网络演化与效应 [J]. 经济地理, 2018, 38 (2): 90 – 97.

[160] 张新放, 吕靖. 21 世纪海上丝绸之路港口体系时空格局演变 [J]. 经济地理, 2019, 39 (11): 33 – 40.

[161] 彭琰, 李振福. "冰上丝绸之路" 货物吸引的中国沿海港口空间分异及类型识别 [J]. 运筹与管理, 2020, 29 (12): 133 – 139, 160.

[162] Wang T, Meng Q, Wang S, et al. Risk management in liner ship fleet deployment: A joint chance constrained programming model [J]. Transportation Research Part E: Logistics and Transportation Review, 2013, 60: 1 – 12.

[163] 王爱虎, 匡桂华. 中国沿海集装箱港口群体系结构演化与竞争态势 [J]. 经济地理, 2014, 34 (6): 92 – 99.

[164] 郭政, 董平, 陆玉麒, 黄群芳, 马颖忆. 长三角集装箱港口体系演化及影响因素分析 [J]. 长江流域资源与环境, 2018, 27 (7): 1423 – 1432.

[165] 公丕萍, 卢伟. 高质量推动福建省海丝核心区建设的思路及对策建议 [J]. 中国经贸导刊, 2021, 22: 30 – 33.

[166] 孙涛涛, 徐剑华. 评价港口地位的一项重要指标——集装箱港口连通性指数 [J]. 中国船检, 2018 (4): 44 – 48.

[167] Clauset A, Shalizi C R, Newman M E J. Power-law distributions in empirical data [J]. SIAM Review, 2009, 51 (4): 661 – 703.